传世励志经典

# 孤舟的舵手
## 但 丁

【意】薄伽丘（Giovanni Boccàccio） 布鲁尼（Leonardo Bruni）著 李 帆 编译

中华工商联合出版社

## 图书在版编目（CIP）数据

孤舟的舵手：但丁／（意）布鲁尼著；李帆编译
. --北京：中华工商联合出版社，2015.5（2024.2重印）
ISBN 978-7-5158-1273-1

Ⅰ.①孤… Ⅱ.①布…②李… Ⅲ.①但丁，A.（
1265～1321）-传记 Ⅳ.①K835.465.6

中国版本图书馆 CIP 数据核字（2015）第 076391 号

## 孤舟的舵手
### ——但丁

作　　者：【意】薄伽丘（Giovanni Boccàccio）　布鲁尼（Leonardo Bruni）
译　　者：李　帆
出 品 人：徐　潜
策划编辑：魏鸿鸣
责任编辑：林　立
封面设计：周　源
营销总监：曹　庆
营销推广：王　静　万春生
责任审读：郭敬梅
责任印制：迈致红
出版发行：中华工商联合出版社有限责任公司
印　　刷：三河市同力彩印有限公司
版　　次：2015 年 6 月第 1 版
印　　次：2024 年 2 月第 6 次印刷
开　　本：710mm×1020mm　1/16
字　　数：120 千字
印　　张：9
书　　号：ISBN 978-7-5158-1273-1
定　　价：69.00 元

服务热线：010－58301130
销售热线：010－58302813
地址邮编：北京市西城区西环广场 A 座
　　　　　19－20 层，100044
http://www.chgslcbs.cn
E-mail：cicap1202@sina.com（营销中心）
E-mail：gslzbs@sina.com（总编室）

# 序

　　为了给《传世励志经典》写几句话，我翻阅了手边几种常见的古今中外圣贤大师关于人生的书，大致统计了一下，励志类的比例，确为首屈一指。其实古往今来，所有的成功者，他们的人生和他们所激赏的人生，不外是：有志者，事竟成。

　　励志是动宾结构的词，励是磨砺，志是志向，放在一起就是磨砺志向。所以说，励志不是简单的立志，是要像把刀放在石头上磨才能锋利一样，这个磨砺，也不是轻而易举地摩擦一下，而是要下力气的，对刀来说，不仅要把自身的锈磨掉，还要把多余的部分都要毫不留情地磨掉，这简直是一场磨难。所有绚丽的人生都是用艰难磨砺成的，砥砺生命放光华。可见，励志至少有三层意思：

　　一是立志。国人都崇拜的一本书叫《易经》，那里面有一句话说："天行健，君子以自强不息。"这是一种天人合一的理念，它揭示了自然界和人类发展演化的基本规律，所以一切圣贤伟人无不遵循此道。当然，这里还有一个立什么样的志的问题，孔子说：士不可以不弘毅，任重而道远。古往今来，凡志士仁人立的都是天下家国之志。李白说：大丈夫必有四方之志，白居易有诗曰：丈夫贵兼济，岂独善一身，讲的都是这个道理。

二是励志。有了志向不一定就能成事，《礼记》里说：玉不琢，不成器。因为从理想到现实还有很大的距离。志向须在现实的困境中反复历练，不断考验才能变得坚韧弘毅，才能一步一个脚印地逐步实现。所以拿破仑说：真正之才智乃刚毅之志向。孟子则把天将降大任于斯人描述得如此艰难困苦。我们看看历代圣贤，从世界三大宗教的创始人耶稣、穆罕默德、释迦牟尼到孔夫子、司马迁、孙中山，直至各行各业的精英，哪一个不是历经磨难终成大业，哪一个不是砥砺生命放射出人生的光芒。

三是守志。无论立志还是励志都不是一朝一夕、一蹴而就的，它贯穿了人的一生，无论生命之火是绚丽还是暗淡，都将到它熄灭的最后一刻。所以真正的有志者，一方面存矢志不渝之德，另一方面有不为穷变节、不为贱易志之气。像孟子说的那样：富贵不能淫、贫贱不能移、威武不能屈。明代有位首辅大臣叫刘吉，他说过：有志者立长志，无志者常立志，这话是很有道理的。

　　话说回来，励志并非粘贴在生命上的标签，而是融汇于人生中一点一滴的气蕴，最后成长为人的格调和气质，成就人生的梦想。不管你做哪一行，有志不论年少，无志空活百年。

　　这套《传世励志经典》共收辑了100部图书，包括传记、文集、选辑。为励志者满足心灵的渴望，有的像心灵鸡汤，营养而鲜美；有的就是萝卜白菜或粗茶淡饭，却是生命之必需。无论直接或间接，先贤们的追求和感悟，一定会给我们带来生命的惊喜。

徐　潜

2014 年 5 月 16 日

# 前　言

　　但丁·阿利吉耶里（1265～1321 年），13 世纪末意大利诗人，现代意大利语的奠基者，欧洲文艺复兴时代的开拓人物之一，以长诗《神曲》留名后世。他被认为是意大利最伟大的诗人，也是西方最杰出的诗人之一，最伟大的作家之一。

　　本书原作者为意大利著名作家薄伽丘与布鲁尼。这两位大师分别为但丁立传，虽然在目的性与出发点上一致，但在叙事风格与客观角度上有所不同。

　　薄伽丘的《但丁传》带有些许个人崇拜色彩，他以但丁母亲怀孕时的梦境为开篇，故意留下悬念展开故事，又在结尾处以解析梦境来首尾呼应结束全文。在对梦境解析的过程中，薄伽丘个人理想主义的分析方式虽然看上去略微牵强，但充分说明了但丁在人们心中所留下的光辉形象。

他于文中多处谴责佛罗伦萨驱逐但丁的行为，其言辞激烈、尖锐，可见其对诗人有着个人情怀掺杂其中。

对于但丁的思想品德，薄伽丘有过分拔高的成分，成就和才识也略有夸大。另外，薄伽丘所著的《但丁传》写作风格偏于凄婉、哀怨，对于但丁所受到的不公待遇，他充满了悲愤和怜悯，尤其在对但丁未能回到佛罗伦萨接受桂冠加冕一事，有着较多篇幅的个人情感夹杂其中。

当然，这或许是作者写作风格的一种表现方式，总会有人喜欢，也总会有人提出不同的看法。

比如布鲁尼对于薄伽丘所著《但丁传》的评价："我发现我们温雅可爱的薄伽丘在写崇高的诗人但丁的生活和爱好时，就像他在写《菲洛柯洛》《菲洛特拉托》或者《菲亚美达》一样，两者的风格没有区别。"薄伽丘的《但丁传》充满了爱情和悲叹，还有滚烫的眼泪，仿佛人类诞生到这个世界上没有其他目的，只是为了在那恋爱的十天里找回自我、与喜爱的女子和时髦的男青年一起讲述一百个小故事。

从布鲁尼所著的《但丁传》，我们看到的是站在客观立场上描绘出的但丁。布鲁尼在简单介绍了但丁的外貌、性格和家族起源后，将更多篇幅放在但丁被佛罗伦萨流放的事件中，他以有据可查的历史文件作为依据，将但丁被驱逐的始末更为真实地呈现于我们眼前。

对于但丁的成就，布鲁尼也进行了客观的评价，他认为拉丁文并非是诗人所长，所以才会用佛罗伦萨俗语写作

《神曲》，这一点虽然我们无法考证，但在可信度上似乎更为可靠。

无论怎样，但丁都是一位伟大的诗人，他所取得的成就，和当时所处时代背景下表现出的超前理念，都是值得后人学习和研究的。

《神曲》这部划时代的巨著，充分体现了但丁深厚的学识，恩格斯曾评价说：但丁是中世纪的最后一位诗人，也是新时代的最初一位诗人。如此高的评价足以说明但丁的成就，无论你是先阅读了《神曲》还是先看了《但丁传》，这都将是一次精神层次上的提升。

但丁用他丰富的创造力、想象力和非凡的才能为我们创作出《神曲》这部伟大不朽的作品，而作品所传达出的意义也正是但丁的思想精华。

作为佛罗伦萨的执政官，但丁对国家有着异于常人的热爱，看到佛罗伦萨处于政党分裂的边缘，他奔走疾呼希望能力挽狂澜，但独木难擎最后只落得客死他乡，此情此景，让人不禁为之扼腕叹息、唏嘘不已。

但丁已经远去了，但《神曲》依然流芳百世，只有怀有如此高尚情怀的人，才能够写出《神曲》这种前无古人、后无来者的鸿篇巨制。

本书记录了但丁的人生历程，其命运多舛的坎坷一生，仿佛就是《神曲》的真实写照。那么在此，让我们共同为诗人献上最诚挚的祝福吧，愿他在天堂里再也没有苦难。

# 目 录

# 但丁传

【意】 薄伽丘 （Giovanni Boccàccio） 著

# 第一章　序　言

在梭伦的心中有着一座充满智慧的神圣庙宇，这一点我们能够轻易地得到印证，在他所颁布的法律条文中，可以清晰地看到，在古代时期已经有了公正且严明的审判制度。梭伦曾经举例说，共和国的制度就如同人的两条腿一般，想要正常地行走乃至奔跑，两条腿就必须相互支撑和协作，一条腿负责惩罚罪恶，另一条负责奖励善行，只有这样才能使国家在一个良性的轨道上不停运转。尤其重要的是，对于奖励与惩罚来说，必须要做到公平对待，如果在处理上有失公允，那么共和国就只能像一个瘸子般步履蹒跚了。

所以，在这个制度之下，世人对圣贤先知们表示出虔诚的尊敬，并根据他们的言行及经历，编撰出神话般的故事，来升华他们的品德，按照他们的样子雕刻出栩栩如生的雕像，在他们离世时举行隆重的葬礼表示沉痛的哀悼，甚至为他们所作出的贡献及功绩而建立象征至高无上荣誉的凯旋门来为他们戴上神圣的光环。而在另一方面，对于那些道德败坏恶贯满盈的人，将要面对的则是严厉的惩罚，对于罪恶的程度实行不同程度的惩罚，在这里我们就不赘述了。

正因为制度的公平、奖惩的公正，国家的政局才得以安定，经济才得以发展，人们才能够安居乐业，国家才能不断地发展壮大，在执行此种制度的国家里，诸如亚述、马其顿、希腊以及罗马共和国，都曾是繁荣一时享誉一方的，他们的人民富足安康，国家安定团结，文化及经济都是那个时代的领先者。

然而不幸的是，现在我们这个国家的统治者，我们这个城市佛罗伦萨的领导者，却不再奉行有奖必赏、有恶必罚的原则。他们混淆视听、装聋作哑、好恶不分，这难道不是最愚蠢之至的行为吗？我无法理解为什么会发生这种事情。

所有一息尚存的人们啊，如果你有一双明辨是非的眼睛，一颗尚未泯灭人性的心脏，那么请你睁大双眼仔细地看看四周都在发生着什么吧！那些无恶不作的人享受着高官厚禄，善良正直的人却被流放他乡，这种倒行逆施、是非颠倒的事情不断地在这里上演，究竟是为什么呢？

对于原因，真是一言难尽，我需要讲一个故事来告诉你。或许它并不精彩，但却绝不平凡，它能够让你知道在这个国家里发生着什么，也是我写这本书的目的。那么就从这里开始吧，就从这本书的主人公但丁·阿利吉耶里开始吧。

但丁出身于贵族家庭，从小便开始接受良好的教育，这也正是他具备高尚品德和渊博学识的基础。虽然出身于富足家庭，但他为人善良、乐于助人，在社会上得到了广泛认可和称颂。如果这是在一个公平公正的国度里，但丁的发展必然会是一帆风顺的，他的为人让我们相信这样的人理应得到尊敬和奖赏。然而恰恰相反，他所遭受的却是诽谤的流言、荒谬的判决、傲慢的偏见，以及亵渎和谩骂。

一个具有高尚品德的人没有受到应得的赞扬，却被没收所有财产并永久流放，他悲剧的一生不但让人慨叹唏嘘，也预示着佛罗伦萨即将灭亡的事实。

被永久流放出佛罗伦萨的但丁，已经永久地离开了我们，他的骸骨被匆匆掩埋在一个无名的小岛上，他的孩子们也被逐个分离无法再生活在一起。但那些事实却不可能永久被掩盖，每一个存有良知的人都看得到事实的真相，罪恶的城市佛罗伦萨不会永远逃脱上天的惩罚，终有一天会真相大白，但丁所遭受的苦难必将沉冤得雪。

只要你愿意睁开双眼，就不会被蒙蔽，所有正直的人都能够看得出，现在的世界已经偏离古代世界所奉行的规则，与先贤们制定和遵从的神圣法典背道而驰。

如果说一个人违背了梭伦的告诫，却依然能够用双腿行走而不摔倒，那么这必然是因为事情的本质发生了改变，也或者是仁慈的上帝念在我们过去曾有的功绩而奇迹般地暂时容忍，又或许是上帝在等待我们自行忏悔。

如果说你有生之年并未发现罪恶遭受处罚，也不需要怀疑上帝的公正，他只是在冷冷观察着一切，记录下长长的惩罚名单，报应终究会来到，当你以为它不会来到时，只是没有发现它慢慢逼近而已。所有的罪恶必将得到严厉的惩罚，姗姗来迟的原因只是一个，那便是上帝要将推迟作为代价，而这个代价是更严重的惩罚。

在我们这个国家里，尽管诸多的罪行还没有得到应有的惩罚，我们也不该放弃行善的念头和行动，就算只是小小的善举，也能成为寒冬里温暖的阳光。努力去做正确的事，尽力去纠正错误的行为，是每一个人都该有的行为准则。

我只是佛罗伦萨城市里一个渺小的普通人，但我愿意尽自己的微薄之力去完成这个城市本该做的事情，那就是给予但丁应有的肯定与赞扬。但丁所具有的美德与杰出的功绩本应是这个城市的骄傲，他为这个国家和城市所做的贡献是伟大不朽的，然而这个卑劣的城市却对他恩将仇报。

作为与伟大的但丁生活在同一个城市的我，虽然人微言轻，但我愿意尽自己所能去维护他的荣誉。我无法为他树立一座丰碑来赞扬他的伟大，也无法为他举办一场辉煌的葬礼来歌颂他的功绩，我只能用文字来向他表达敬意。

纵使所做的一切轻如鸿毛，但作为佛罗伦萨的一分子，我愿竭尽所能为之奔走呼喊。至少在若干年后其他国家的人不会嘲笑佛罗伦萨是个冷酷的城市，不会指责这个城市的人都是些忘恩负义之辈。

# 第二章　诞生与荣誉

　　佛罗伦萨建于古罗马时代，是意大利最为繁华也是文化气息最为浓厚的城市，随着罗马帝国的不断扩张，佛罗伦萨的经济也随之迅猛发展。城市里到处可见身着华丽外衣的名门望族，街道上充斥着装饰奢华的精美马车，仿佛这个城市的每一寸土地都能挖出金子。

　　遗憾的是好景不长，佛罗伦萨的繁荣很快成为周边各国所觊觎的对象。号称最野蛮的国王阿提拉首先对罗马发动了侵略战争，很快便攻陷了整个意大利。这些强盗到处烧杀抢掠，昔日繁华的佛罗伦萨在这群野蛮人的摧残之后，只剩下片片废墟和堆堆枯骨。惨剧的发生是否预示着些什么，没有人能说得清，留下的只有残垣断壁，入眼满目疮痍。

　　古罗马帝国在此之后又延续了将近三百年，这三百年期间国家的控制权不断发生着更迭，当高卢人理查曼赶走希腊人登上皇位后，决定重建这座荒芜已久的城市。这位仁慈的国王声称，上帝告诉他要让佛罗伦萨重现往日的辉煌，并发誓说要打造一个全新的古罗马城。他四处寻找古罗马后裔来和他共同完成这宏伟的目标，或许这让从前逃亡出古罗马的后裔们看到了希望，他们的后代纷纷返回了家园，参与到了城市的重建之中。

在这些重建者中，有一位从罗马远道赶来的年轻人，他是贵族弗兰帕尼家族中的一员，名叫伊拉奥。当他到来后，发现自己深深地爱上了这里。每一片云彩，每一寸土地都让他着迷，于是，这个年轻人决定永久地留下，成为这个城市重建后的第一批公民。在他死后，子孙们放弃了祖先原有的姓氏，而改以他的名字作为新的姓氏，称自己为伊拉斯。

随着时间的流逝，伊拉斯家族在佛罗伦萨传承了一代又一代，直到某一年，这个家族诞生了一位武艺精良、睿智勇敢的骑士，名叫卡恰圭迪。他年纪轻轻却战功卓越，再加上俊朗的外表，让他迅速成为佛罗伦萨所有姑娘眼里的梦中情人。当他到了婚配的年龄时，父母为他挑选了一个来自弗瓦拉、名叫阿蒂吉耶里的姑娘作为新娘。

这位新娘闭月羞花的美貌和高尚的品德，得到了所有人的认可和赞誉。两人结婚后生育了很多孩子，其中一个小孩深得父母的喜爱，他母亲将他唤作阿蒂吉耶里，并继承了家族的姓氏。后来由于传承这个姓氏时拼写上有所失误，阿蒂吉耶里被读成了阿利吉耶里，但这个阴差阳错的失误却一直延续了下去。

或许是为了纪念这位骑士的功绩，骑士的后代们放弃了伊拉斯这个名字，改用阿利吉耶里作为他们的教名和姓氏，并一直沿用到了今天。在阿利吉耶里这个姓氏传承到了德皇弗里德利希二世时，一位伟大的人物诞生了。

据说这个伟大人物的母亲在临产前做了一个奇怪的梦，她梦到自己躺在一棵高大无比的月桂树下，身下是绿油油的草地，边上流淌着清澈甘甜的泉水，而她就在这如诗如梦的天堂里生下了一个男孩。在男孩吃下了从月桂树上掉落的浆果，并喝了清澈的泉水后，瞬间变成了一个身材高大的牧羊人，接着牧羊人想要去摘取月桂树的叶子，他奋力地向上跳，尝试了很多次都没有成功，在最后一次跳跃时不小心摔倒了，神奇的是当他从地上爬起来时，又从一个牧羊人变成了一只美丽的孔雀。

或许是梦境过于神奇，这位母亲从梦中惊醒了，不久之后真的生下了一个男孩。夫人把她的梦境说给大家听，却没人能够明白这个神奇的梦所包含的寓意。直到后来，在这个孩子身上所发生的种种事情，让人们逐渐明白了那个梦境所蕴含的意义，而这个孩子就是我们本书的主人公，伟大的但丁。

但丁是因上帝对于我们这个时代的特别恩惠而诞生的，

是第一个开启缪斯回归道路的圣贤，是让佛罗伦萨俗语广泛流传的圣贤，是为俗语赋予优美韵律的圣贤，是可以让诗句重新复活的圣贤。但丁，我们心中伟大的诗人，这个名字是对你最美的注解。

但丁诞生于 1265 年，他的诞生是整个意大利的骄傲，是佛罗伦萨城市的荣耀。

当时罗马帝国由于弗里德利希二世的逝世，暂时失去了统治者，教皇乌尔班四世坐上了圣彼得教堂的宝座。在那时但丁的家族还是个兴旺的家族，或许你不同意这个说法，不过当你从整个世界的角度去看时，你一定会认同我的观点。

幼年时期的但丁我在此省略描绘，但无论怎样，他的童年也必然是有着异于常人的天赋的。少年时期，但丁在文学的理解与创作上便已经比同年龄段的孩子高出一筹。到了青年时期，当大多数年轻人把时间用在追求奢华的生活与虚无的欲望时，但丁却把所有可利用的时间用来不断阅读文学著作，他常年不懈的努力，孜孜以求的态度，让他理所当然地超越了所有人，成为人群中最为瞩目的佼佼者。

时间一点点地向前迈进，但丁的心智和才华也随之日趋成熟，他不像俗人一般贪婪地追求财富，而是如饥似渴地埋首于诗歌创作与文学阅读之中。

对于但丁来讲，他每天的安排就是学习、学习、再学习。维吉尔、贺拉斯、奥维德、斯塔提乌斯和其他所有著名的诗人，都是但丁文学与精神上的老师，他能深刻地理解大师们通过诗歌所想表达的情感，在思想上他们能够穿越时间和距离达到心灵上的贯通。从青年时代但丁所创作的作品中，我们不难看出，他在文学与诗歌的创作手法上有模仿前辈的痕迹。

当时的社会，人们趋之若鹜地追求金钱与利益的最大化，对于诗歌与文学，这些人不但一窍不通，且浅薄地认为是毫无价值的。但丁却不这么想，通过诗歌优美的语句，他体会到了文字深处所蕴含的历史与哲学意义。

但丁认为，如果缺乏对历史、伦理，以及自然哲学方面的知识，是无法触碰到诗歌的灵魂也不能理解它的美感的。于是，但丁开始按照比例分配时间去自学历史、哲学等方面的知识。他夜以继日、废寝忘食地畅游于学海之中，没有了时间的概念，忘记了天气的变化，一切俗世都不再关注，全身心地行走在追求真理的旅途之中。

在但丁的眼里和心中，这条路就是通往天堂的唯一道路，只有这条路所通往的天堂才能让他得到满足与幸福。聪慧的天赋及刻苦的精神让他掌握了神学中最为深奥的哲理，达到了人类智慧所能理解的极限，再没有任何哲学领域是他所未涉及的，再没有任何事物是比真理更加珍贵的。

但丁最初是在佛罗伦萨开始接受各种教育，后来，他又来到了博洛尼亚，因为他认为那里有更多的知识果实等待他去采摘和品尝。待到年龄稍长时，他又前往巴黎学习。在那里，盛行公开辩论大会，这为但丁展示才华提供了绝佳的舞台。

卓越的才能为但丁赢得了无数荣誉，一个又一个光荣的头衔接踵而至，有人称他为伟大的诗人，有人叫他伟大的哲学家，还有人称他为伟大的神学家，这些都证明但丁所掌握的知识已经达到了只有神灵及隐修者才能达到的高度。

正所谓，胜利让胜利者拥有更多的荣誉，失败让失败者拥有更多的力量。如果胜利与失败像无情的大海般变幻莫测，那么无论是向这边卷起波涛，还是向另一边掀起巨浪，但丁都能众望所归，用荣誉的光芒建造一个挡风遮雨的避风港。

# 第三章　爱情及婚姻

但丁专心致志地投入到各种学科的研究之中，尤其在诗学方面投入了极大的热情和精力，已经达到了如痴如醉的程度。

俗话说有利必有弊，这种痴狂的学习状态让但丁远离了是非，远离了尘嚣，以一颗纯洁平静的心投入到自己热爱的事业之中，过着犹如隐居的生活，但也同样让他过得异常孤独。

在但丁璀璨而短暂的生命中，比雅翠丝成了除去文学、诗歌以外唯一热爱且弥足珍贵的人。然而对于比雅翠丝的爱，对于家庭的爱，对于社会的爱，却给他带去了数不尽的烦恼和哀伤，相对于被流放后过着贫苦生活的但丁，或许不能与爱人相见让他更为惆怅忧伤。

佛罗伦萨城有一个习俗，在不同节日里举行不同的宴会，就在春暖花开、绿树萌芽之季，市民会将左邻右舍召集到家中与他们共享欢乐。

在但丁9岁的那年，5月的一天，深受人们尊敬的绅士福尔科·波尔蒂纳里，邀请他所有的邻居到家中做客，但丁也跟随父亲阿利吉耶里受邀前来。按照以往的惯例，大人们会聚集在一起谈天喝酒，而但丁会与年龄相仿的小伙伴们一同玩耍。

就在这些与但丁一起玩耍的小伙伴中，有一个8岁的小女孩，她美丽的面容精致小巧，优雅的谈吐大方得体，言行举止端庄高贵，浑身散发着纯洁的魅力，就像一个降临在人间的小天使，她就是主人波尔蒂纳里的小女儿翠丝，不过但丁喜欢用她的全名去称呼她为比雅翠丝。

这并不是但丁第一次见到比雅翠丝，然而在这个神奇的5月里出现的小天使，给但丁小小的心灵里留下了深刻的烙印，一种奇妙的爱意涌上了小但丁懵懂的心房，左右撞击着他久久不能平静，从那天起，对比雅翠丝这种无法言表的感情再也挥之不去。

但丁对比雅翠丝的爱意就像春天里播下的种子，悄无声息地在心中发芽且不可遏制地蔓延生长，毫无疑问，从这时起小但丁已经成为爱情的俘虏。

这或许是但丁的性格所致，也或许是爱情从天堂发出的召唤，也或许是宴会上美妙的音乐、欢快的气氛、芬芳的美酒等诸多因素引起的连锁反应，让他深陷其中无法自拔。很多人在少年懵懂时都曾产生过类似的朦胧爱意，等到年龄稍长阅历丰富之后便逐渐忘却，或者将当时的感情引为笑谈，然而但丁的爱情火焰却没有随着时间的流逝逐渐冷却，反而越燃越烈。

比雅翠丝的身影在但丁的眼中胜过世间所有亮丽的色彩，让他深深眷恋也无法将视线移转，对比雅翠丝的思念像炙热的火球一样炙烤着但丁的心房，他疯狂地四处寻找比雅翠丝可能出现的每一个地方，仿佛只有看到那令他魂牵梦萦的面庞才能安然入睡，在他心中，比雅翠丝像雅典娜女神般纯洁高贵，能得到她的爱才是最大的幸福和荣耀。

所有被爱情火焰灼伤的人们啊，又有哪一个会停下继续往火堆中投入燃料的举动呢？伟大的但丁在爱情面前也同样难逃命运的捉弄，他曾在自己的《新生》一书中表达出，对比雅翠丝的爱使他饱受思念之苦，思而不得让他受尽折磨、寝食难安。

但我们需要注意的是，但丁对比雅翠丝的爱是纯洁无邪的，在他留恋的目光中、失眠的夜晚里、苦涩的泪水之中都是纯净的，不掺杂任何一丝的情欲。

对于现实的人们、现今的世界而言，这仿佛是可笑的、愚蠢的，简直是个天方夜谭般的神话，人们已经习惯了先满足生理需要再去追求心理安慰，一个真正懂得爱情的人，反而成了异类，反而让众人侧目而视。

这究竟是爱情的悲哀还是现实的悲哀，我不得而知。

　　对比雅翠丝的爱恋让但丁食不甘味、夜不能寐，长期陷于思念之中，那么这种心态到底会对他的写作造成什么样的影响呢？有人认为，正是但丁对比雅翠丝的迷恋才让他的诗歌中充满了浪漫主义色彩，他在诗歌里毫不吝惜地描绘爱人的美丽，并表达出热烈的爱恋及对于爱情的无限憧憬。

　　但丁渴望得到比雅翠丝的爱，他的渴望固然谱写出了很多优秀的作品，但我却认为人的精力毕竟是有限的，如果在某一方面过于执着必然会在其他方面有所局限。

　　世界无时无刻不在发生变化，没有任何人或事是一成不变的，我们的人生轨迹更是变幻莫测，或许你今天还富可敌国，明天却很可能变成穷光蛋。意外就像一个魔鬼，总是躲在阴暗的角落凝视着每一个人，它对你了若指掌，而你，却永远也看不到它，甚至不知道它下一步要对你做些什么。

　　人生无常就是魔鬼的定律，世间所有生命都无法逃脱它的掌控，无论你是富有还是贫穷、高贵还是低贱。这个任何人也无法改变和摆脱的定律让所有人谈之色变、避之不及，人只有在死亡前的弥留之际才会对这个魔鬼有所感触，但那时为时已晚。

　　天使般的比雅翠丝在过完自己 24 岁生日的时候，便成了这条定律的受害者，她永远地离开了人世，永远离开了所有爱她的人，永远离开了痴恋她的但丁。她的突然离世让但丁难以承受，陷入无边的悲痛之中，没有任何事能让但丁暂时忘却失去爱人的事实，所有的劝解、安慰都无济于事。

但丁的眼泪像潺潺不断的泉水夜以继日地流淌在憔悴的面庞上，他的朋友对此难以置信，从未见过一个人能够流出如此数量的泪水，但他们确信，如果但丁再继续哭下去，那么下一个将被魔鬼带走的人必定是他。

时间可以治愈所有的伤痛，任何事在它面前都会慢慢褪色。当但丁逐渐意识到即使他的泪水可以淹没整个世界，可以浇灭炙热的太阳，也无法挽回比雅翠丝的生命时，他决定恢复理性，接受现实。

将眼泪还给眼泪，将悲伤留给悲伤。那个曾经固执的紧捂双耳不听任何劝解的但丁，终于慢慢地放下双手、睁开眼睛重新打量这个再没有比雅翠丝的世界。他需要重新开始，也必须重新开始，但由于数月积压在心头的忧郁，但丁已经像个原始人般让人难以辨识了。

形销骨立、憔悴的面容让所有认识他的人心生怜悯，当亲戚朋友们发现但丁的眼泪不再流淌、看上去似乎恢复了理智时，开始为他筹划婚事。

经过讨论后大家一致认为，是爱情让但丁跌入痛苦的深渊、让他失去了应有的欢乐，那么爱情也必能让他重新振作起来，找一个合适的女孩去替代比雅翠丝是最好的解决办法。于是尝试"帮助"但丁的计划开始了，他们用最有说服力的论点，最直观的论据证明结婚是最明智的选择。

在双方僵持了一段时间后，一个自然或者说是"意外"的结果产生了，但丁结婚了！

哎！那些"乐于助人"的朋友啊，你们的帮助是否真的让但丁快乐起来了呢？哎！那些"乐于助人"的朋友啊，你们是否真的理解爱情的真谛呢？哎！那些"乐于助人"的朋友啊，你们对于婚姻的解读是否适合于但丁呢？

那些以为迎娶一位新娘便能让但丁忘却伤痛的人，我不得不说你们并不理解爱情的意义，你们并不知晓但丁对比雅翠丝的爱无可替代。对于你们所给予的帮助，无异于将一个发烧的病人推入火堆，无异于用冰块治疗患上伤寒的病人。

那些以为婚姻可以解除但丁苦恼的人啊，是你们让但丁离开温暖的意大利而陷于利比亚炙热的沙漠之中，是你们将但丁驱赶出阳光和煦的塞浦路斯，让他站立在寒风凛冽的罗多彼山之巅经受折磨。

那么究竟要怎么帮助但丁，才能把他从烦恼中解脱出来呢？答案是根本不能。一旦爱情在心中发芽生根，一切自以为是的帮助都是徒劳无功的。我们看到了但丁的哀伤，我们以为婚姻能缓解和治疗他的病痛，但事实上这个盲目的婚姻并不能解决问题，但丁的确不再哭泣，但同时他的爱情火焰也就此熄灭。我们为他解决了一个烦恼，却在无意间让他陷入更多的烦恼之中，如果可以重新选择，我想但丁也宁愿重复之前的烦恼。当我们也发现给予他的帮助是个错误的时候，显然为时已晚，带给他的苦难已经不可挽回。

但丁经常彻夜不眠地读书，在书中他与古今帝王、先贤们对话，与哲学家们探讨、争论，书中优美的诗歌能给他带来极大的快乐，他喜欢聆听世人的喜怒哀乐，喜欢远离世俗喧闹静静地思考问题。在书中他能收获生命的起源、事物的发展、天体运转等各方面知识，也会经常预测和发明一些新奇的东西。

书是但丁最好的伙伴，最亲密的朋友，然而现在，他不得不告别这个挚爱的朋友，不得不从快乐的思考中醒来，因为他的新夫人希望他加入到妇女间的谈话之中，如果他不想惹麻烦的话就只能这么做。从前可以自由地随着情绪欢笑、哭泣、叹息或歌唱，但为了讨好他的夫人，但丁需要控制每一个表情和眼神，因为哪怕是一声轻轻的叹息，也必须要解释清楚，为什么会叹息，为什么又停止？所有细微的心情变化都会成为他爱上别人的证据，就连哀伤也被看作是对她厌恶的表现。

唉！和一个多疑的人一起生活、交谈直至衰老死亡，是多么令人厌倦可悲的事情啊！在我们这个城市里男人必须要忍受的事情很多，妇女们认为衣服、装饰、甚至满屋子无关紧要的物件都是美好生活的象征，男仆、女仆、护士和侍女乃至宴会都是生活的必需品，丈夫为了表达自己对于妻子的爱，需要馈赠给新娘家礼物才能体现出男人的责任。于是丈夫们购置诸多的礼品搬运到妻子娘家来证明自己对于家庭的责任感。

唉！那些还是自由身的男人们永远不会知道自由的可贵，永远不会知道婚后男人们无法逃避的事情。

任何一个美貌的女子身边都不会缺乏追求者，那些仰慕者趋之若鹜地围在女孩身边，千方百计地讨她欢心，他们有的面容俊朗，有的出身高贵，有的善于用甜言蜜语，有的直接送上各种礼物。没有一个女人可以抵挡住被追求的诱惑，一旦她们的贞洁受到怀疑，丈夫便会随之坠入痛苦的深渊。

如果你是一个幸运的男人，幸运地娶了一个美丽的妻子，那么婚后你会很不幸地发现，即使再美丽的女人也会在婚后变得喋喋不休、喜怒无常。于是在每一个她们存在的地方都会发现一个郁闷至极讨厌她们的丈夫，如此一来，这些妻子们更加出奇的愤怒，而且她们还有充分的理由解释和表达自己的愤怒。

哎！生活在愤怒女人身边的男人是多么不安定且悲哀啊。

对于她们的行为，我负责地告诉你，还不止这些。如果你拥有一个喋喋不休的妻子，还妄想得到片刻的安宁，那显然是不现实的。她们整日里东拉西扯，无所事事，却有很正当的理由来解释这种行为。

在她们看来，如果自己将家庭照料得很好，那么她们便变成了家里的奴仆，只有对家务不闻不问才能充分体现她们主人的地位。还有一件众所周知的事情，我仍然要再次啰唆。

对于一件商品而言，在购买前你都可以进行试用，一旦不喜欢你可以放弃购买，但对于妻子来说，这样做显然不可能，不可能的主要原因在于，她们害怕在与你交往的过程中产生不愉快会使你退却，所以在婚前你会一直觉得你未来的妻子是异常的美丽且善解人意。那么其实我要告诉你的真理是：不是你选择了什么样的妻子，而是要看命运给予了你什么样的妻子。

以上所述的事情，会发生在绝大多数男人的身上，至于但丁是否也是此类烦恼的受害者我不能完全肯定，毕竟他们夫妻之间到底发生了些什么，只有他们自己才清楚。

但可以确定的是，但丁离开了他的妻子、他的孩子、他的家庭，永远地离开且再也没有回去。于是，有人通过看到发生在大多数男人身上的事情后，得出一个结论：男人就不应该踏入婚姻，那绝对是一个充满烦恼的是非之地。

对于这个观点我不完全认同，我只是觉得不是所有人都适合结婚，那些抵抗力强或者智商存在一定问题的人，又或者是拥有三妻四妾的富人和一无所有的穷人更适合走进婚姻的围城，像但丁这样的哲学家，还是徜徉在学术的海洋里会更加快乐。

# 第四章 变 故

人间的事情总是让人意想不到，就像比雅翠丝的突然离世和但丁难以拒绝的婚姻。不如意的婚姻给但丁增添了无数本不该有的烦恼，为了摆脱无谓的家庭纠纷，但丁决定将精力投入到公众事务当中，为大众也为自己谋求更好的发展道路。

出色的才华和良好的声望很快让但丁在政府内得到了执政官的高位，或许是上天的眷顾，他在位初期没有发生过群众斗争，不需要制定或废除法律，也不需要接见使节进行外交答辩，在那段平和、安静的执政期内，但丁全身心地投入到为公众服务之中，他就是全体民众的期望和未来，是这个城市众望所归的守护者。然而好景不长，命运短暂地给予了但丁尊贵荣誉的职位，但光环却在他第一次于会议上发表意见后戛然而止。

当时的佛罗伦萨分为白党与黑党两个派系，政权也在两党之间轮流交替，而无知的市民也在两个党派领导人的影响之下分为两组支持队伍，每当其中一个党派执政时另一个党派的人员及其支持者们便会十分不悦，经常做出相互拆台的举动。

见到此种情况，但丁决定改变这种不良的状态，重新将共和国团结在一起，于是，他召集所有的艺术家、知识分子和政治家，呼吁大家一起解决内部矛盾共建和谐家园。然而再伟大的想法也会因愚昧的民众和意想不到的事件所毁掉，很快但丁便发现，他的听众都是些脑筋顽固、闭塞的群体，一切的努力都无济于事。

心灰意冷的但丁无奈之下只能选择放弃，重新回归以往的生活。或许是上帝的旨意，也或许是内心的期许，但丁总觉得只要再有一次机会，他就一定可以让这个城市重回正轨，于是在短暂的离开后，但丁被某些重要人物那毫无意义的美丽说辞与荣誉所打动，再次踏入到政权纷争之中。

哎！对于荣誉的渴望是人类无法抵御和抗拒的，哪怕你经过无数风吹雨打、看尽历代帝王兴衰，就算你学识经天纬地、能呼风唤雨也难知命运的变幻无常。我时常在想，到底一个什么样的人才能抵挡住荣誉的诱惑呢？是学富五车之人还是愚昧至极之辈呢？或许都不是，或许根本没有！

但丁被转瞬即逝的虚荣和政治地位带来的荣誉所吸引

重回政坛，当他看到黑白两党的所作所为不能代表自身的
政治立场后，决定创立一个第三党派来实现自己的目标，
去改变城市的现状，建立一个团结的共和国。但因为种种
因素，他的计划难以实现，只能在黑白两党中选择了较为
正直、理性的白党作为结盟对象。

　　但这个选择很快让但丁陷入到了政治旋涡之中，他的
政敌不断涌现，个人声誉不断遭到诋毁，不明真相的民众
对他的不满与日俱增。城市在党派斗争中极度混乱，愚昧
的民众被组织和武装起来，准备用武力解决这场党派争斗，
这群被愤怒蒙蔽双眼的人，并没有意识到自己的行为会引
发什么样的后果，会为自己和他人带来什么样悲惨的结局。

　　武装冲突终于在这个城市中不可避免地发生了，当战
斗结束后不久，两派开始清点各自损失的时候，传出了一
个改变但丁命运的"谣言"。"谣言"声称，与但丁所对立
的黑党得到了教皇的支持，并且有大批武装群众的加入，
因而实力大增，他们经过精心策划准备发动第二次进攻，
这让白党领导者惊慌失措，开始准备秘密逃出佛罗伦萨。

　　很快，谣言导致了结局的变化，白党彻底失势，黑党
成为唯一的领导者重组了城市的政权。但丁作为白党一派
被赶下政权舞台，并以国家的名义被处以流放之刑，而流
放者将被永远地驱逐出佛罗伦萨，终生不能回归。大批群
众涌入被流放者的房屋疯狂抢掠，所有财物均被洗劫一空，
随之空洞的还有流放者的政治生涯与创伤心灵。

　　这就是但丁尽心尽力为国家服务所得到的回报！这就是但丁尝试改变城市不良状态所得到的奖励！这就是但丁将所有爱心倾注于的民众所给予的回馈！

　　善变而愚昧、现实且无情的人啊！不久之前，但丁还是你们衷心爱护的那个人，还是你们城市的庇护者，还是你们公正无私的领导者。你们曾经那么认可他对城市和人们做出的贡献，你们曾经将他的名字与日月星辰相提并论，你们曾经为他树立大理石雕像，你们唱着赞歌将他与佛罗伦萨功勋元老们一起刻在黄金圆桌之上，你们奔走相告圣人的降临、传颂他的美德。

　　然而今天，你们无情地诋毁着往日的偶像，践踏着他的声誉，你们唾弃他、谩骂他、抢掠他、流放他，但丁还是那个但丁，而曾经的你们还是否是你们？这就是你们对但丁做出贡献的感谢方式？这就是你们对待圣人的特殊方法？

　　佛罗伦萨终究要毁灭，因为这个城市的无情，因为你们丑陋的嘴脸。

　　历史上无数个鲜活的例子在向我们罗列着受到不公待遇乃至训诫和惩罚的先驱。

　　当我们回首往昔，如果坎米姆路斯、乌提鲁斯、柯利奥兰乌斯、大小西庇阿和其他古代的伟大英雄能够穿越时空，重回现在的意大利，那么现在发生在但丁身上的事情会提醒他们，好好珍惜短暂的荣誉与欢愉吧，因为人类那脆弱而善变的心随时会将你从天堂丢进地狱。没有什么比群众的喜好更加让人捉摸不定，没有什么值得他们永远记得你。

只有当我们的心灵升华到天堂，才能摆脱世俗的丑陋，在那里上帝颁布了一部永恒公正的法典，在那里没有欺骗、讹诈，你不用担心上当受骗，因为那里有最公正的判罚，所有的希望都寄托在上帝身上，唯有它才是永恒不变的真理。

# 第五章　流放的日子

　　多年之前，但丁的祖先从遥远的罗马来到佛罗伦萨参与城市的重建，而今天，但丁已经不再被这个城市所需要，他被无情地抛弃，将永远离开养育自己的城市，被流放到远方。

　　两个幼小的孩子还在牙牙学语，但丁请求将他们留在佛罗伦萨，好在他的妻子与敌党的一个领导人有亲戚关系，得以被批准，财产也以妻子的嫁妆为由，幸运地在愤怒的市民眼皮下得以保全。

　　而但丁独自一人开始了流浪的生涯，由于去向未明，他四海为家到处漂泊，从事着完全陌生的工作勉强糊口。

　　但丁被迫离开家园远赴异乡，他忍受着莫大的冤屈，犹如被架在燃烧的火焰上不断炙烤，胸中的积郁比死亡更加难以忍受。但丁侥幸地寄望于这只是短暂的离开，最终会顺利地回归，于是他来到了距离佛罗伦萨不远的城市——维罗纳。维罗纳的封建主麦瑟·阿博图·德拉·斯卡拉热对但丁的到来表示了热烈的欢迎，然而通过交往，但丁认为这里并非久留之地，只能收起行囊重新启程。

但丁在意大利东飘西荡，等待着佛罗伦萨传来召唤的好消息，然而，无论他身在莫埃罗、博洛尼亚、帕多瓦，又或者是重回维罗纳，无论他投奔到卡森提诺的大臣撒瓦提克、玛拉斯庇那侯爵，或是德拉·法吉乌奥拉处，都没能等到佳音的传来。当但丁逐渐意识到回家的希望随着时间的流逝越发渺茫，不但佛罗伦萨的大门依然对他紧紧关闭，就连整个意大利都将他拒之门外时，他的心死去了，就像当年比雅翠丝离开他时一样，在某种意义上不再跳动了。

心灰意冷的但丁翻越高卢地区的重重山脉，历尽千辛万苦来到了巴黎，在先后被爱情和家园无情抛弃后，只有巴黎的哲学能让但丁的灵魂重回躯壳。在这里，曾经因为苦难而一度离开他的知识将重新将他紧紧拥抱，但丁将在神学的光芒之中涅槃重生。

就在但丁专心致志地在巴黎学习时，发生了一件出乎意料的事情，这件事又将但丁卷入了旋涡之中。卢森堡的亨利伯爵，在教皇克雷芒五世的支持下当选为罗马国王，随即又被封为皇帝。但意大利国内却对此有颇多争议，在这种情况下皇帝亨利决定离开德国，召集军队前往意大利镇压反抗他的势力。

当但丁得知亨利七世包围布雷西亚的消息后，仿佛又看到了重回佛罗伦萨的希望，他认为如果能够帮助皇帝取得这场战争的胜利，自己返回故乡之日将随之到来。

但丁再次翻越阿尔卑斯山，加入到了讨伐意大利的军队之中，他通过书信向亨利七世建议撤回布雷西亚的军队，然后向北进攻佛罗伦萨，只要打开佛罗伦萨这扇大门就可以轻而易举地得到意大利半岛。

亨利七世接受了但丁的意见挥师向北，但却遭到了佛罗伦萨顽强的抵抗，在进攻数月无果后，皇帝满怀失望地从意大利撤军。意大利人的团结与亨利七世的早逝导致战争以失败告终，虽然这是一场并非正义的讨伐，但从某种意义上来讲，亨利七世消除了城市间的争端而且制订了一系列伟大的计划，也算是有所贡献。

但随着战争的失败，很多人因梦想终结而失魂落魄，特别是但丁，他返回佛罗伦萨的唯一希望无奈地破灭了，最后一丝幻想也不复存在了。

多年的希望最终变成失望，让但丁放弃了回归的努力，他悲伤地穿越亚平宁山脉来到了罗马涅区，在那里一切苦难都将结束，命运将做出最后的裁决。

罗马涅区的拉文纳是一座古老的城市，主人小圭多·达·波伦塔是一位高贵的骑士，他自小接受文学教育，对有识之士异常尊重与敬仰，当得知疲惫不堪的但丁出现在拉文纳附近时，立即发出了盛情邀请。小圭多·达·波伦塔对但丁早有所闻，他很清楚真正的绅士是不会接受任何人怜悯的，于是在但丁还未进城之前便主动出城迎接，并真诚地请求但丁留在拉文纳，他向但丁保证，留在拉文纳与他一起生活，绝对会是一件快乐的事情。

高贵骑士的热情款待及其志趣相投的性格，让但丁觉得非常感动，他欣然接受了小圭多·达·波伦塔的邀请留在了拉文纳。事实证明骑士所许下的诺言是真诚有效的，他把但丁的生活照顾得尽善尽美，在他的激励之下，但丁重燃生命之火，并永久地留在了拉文纳，直到上帝召唤的那一天。

对爱情的渴望给但丁带来了无数悲伤的眼泪，庞大的家业与政府职务给予了但丁短暂诱人的荣誉，但最终却是痛苦的流放。所有沉重、无情的打击都没能让但丁停止创作的脚步，他坚定不移地行走在荆棘密布的道路之上，依靠自己过人的天赋谱写了无数华美的诗歌。

有人认为，正是坎坷的道路造就了但丁的成就，让他能够写出充满无尽沧桑的作品，能够成为最伟大杰出的诗人，但我一直在想，假如所有人世间的烦恼与敌人远离但丁，能让他有更多的时间和精力进行创作，那么他将是一个什么样的人呢？但这只能是假设而已，不过如果这个假设成为现实的话，我想但丁或许会成为人间的上帝。

# 第六章　逝　世

　　所有返回佛罗伦萨的希望都落空后，但丁留在了拉文纳，在慷慨骑士的悉心照顾下安心地进行文学创作。在这里，但丁不但继续自己的文学创作，也开始教导很多学者诗学的格式，他用自己独创的俗语写作方式来告诉大家如何进行诗歌的编排。

　　但丁是第一个真正意义上用佛罗伦萨俗语写作的诗人，虽然以前也曾有人运用过俗语，但只是用它来计算音节或者单独用在结尾部分，使尾音变得和谐而已。

　　但丁让世人意识到，俗语可以用来表达任何高尚的艺术，善于运用它会让诗歌更富美感和张力。是但丁提高了俗语的地位，使俗语在意大利获得了认可与尊重，并得到广泛地使用。他赋予了俗语高贵的地位，让俗语首次在诗歌中表现出惊人的魅力，就像荷马将希腊语带入希腊社会、维吉尔对拉丁语的传播一样，这无疑是令人称奇且流芳后世的创举。

但丁无疑是伟大的，但无论伟大与平凡，任何人都难逃上帝的召唤。在 56 岁时但丁病倒了。临终前，他谦卑、虔诚地按照基督教的传统接受了教会的圣礼，并且进行忏悔祷告，曾经违反过上帝意志的但丁，希望能与上帝和解并得到宽恕与原谅。

1321 年 9 月，但丁的朋友——拉文纳高贵的骑士小圭多·达·波伦塔和所有市民都沉浸在悲痛的哭泣中，他们为但丁祈祷，希望他在天国中忘却所有不幸，希望他永远幸福，希望他疲惫的灵魂得到安息。

但丁离开了佛罗伦萨，离开了拉文纳，离开了意大利，永久地离开了每一个爱他的人，他来到了上帝的身旁，回到了比雅翠丝的怀抱，在那里再没有无尽的苦难，只有幸福的眼泪。

拥有高尚心灵的骑士小圭多·达·波伦塔，将但丁的遗体放在刻有象征诗人花纹的棺材内，由拉文纳最有名望的市民们抬起，运至城中古老的修道院中。

在全城市民的哀痛中，但丁被缓缓安放入石棺内，所有拉文纳人都希望但丁永远记得他们，永远记得他们对他的尊重与爱戴。如今但丁依然静静地躺在那里，尊享着每一份来自异乡的祝愿，而那是他应得的荣誉。

根据拉文纳的传统，人们回到但丁曾经居住的地方为他举行了持久盛大的哀悼仪式，为了祭奠逝者的伟大人格和突出贡献，也为了他尚留在人间悲痛万分的朋友得到安慰。

小圭多·达·波伦塔认为，一场伟大隆重的葬礼在某种意义上能够让逝者的生命和成就延续，如果自己死后不能达到让后人缅怀的程度，那么为伟大的但丁举行的这场隆重葬礼，也足以让他被后人铭记。

拉文纳的优秀诗人们为但丁的离去创作了无数诗歌作为送别的赠礼，他们对逝去的伟人表示尊敬，用诗歌表达缅怀之情。在所有赞美、认可及歌颂但丁的文字中，将选取最为优秀的部分刻在碑文之上，这是所有拉文纳人的愿望。

然而令人遗憾的是，小圭多·达·波伦塔不久之后失去了在拉文纳的统治权，在博洛尼亚死去，那些本该出现在但丁碑文上的雕刻并未能如愿完成。

诸多年后，那些未被采用的诗文被我们发现，虽然这些文字未能成为永久的印记留在碑文上，但通过这些文字我们不难看出，深埋地下的但丁是被人如何看待的，他配得起所有的赞美，值得你在墓前良久地驻足观望。

在这些诗歌中仅有一首曾经被刻在大理石上，他是但丁的朋友、博洛尼亚最伟大最著名的诗人乔万尼·德尔·维吉利奥所作。这首诗歌也是颇具代表性的一篇，那么今天让我们再次重温这首诗歌吧，让我们从其他人的记忆里再次寻找但丁模糊而清晰的印记吧。

> 博学多识的神学家但丁
>
> 对于哲学的理解让人叹服
>
> 因为缪斯女神的恩典，但丁获了人民的欢心
>
> 天堂、地狱和但丁同在
>
> 但丁掌握了两界的权力——生与死的权力
>
> 最后，但丁在缪斯女神的笛声中唱着牧人之歌
>
> 唉！妒忌的阿特罗波斯打断了他快乐的歌声
>
> 忘恩负义的人们让他流浪
>
> 残酷地对待诗人但丁
>
> 可善良的拉文纳人欣喜地接纳了他
>
> 高贵的骑士小圭多·达·波伦塔以温暖的怀抱欢迎但丁的到来
>
> 1321 年 9 月 13 日
>
> 上帝的宠儿又回到了神的怀抱

# 第七章 谴 责

忘恩负义的佛罗伦萨，当你们无情地将你们最杰出的市民、最善良无私的行政官、最优秀的诗人赶出佛罗伦萨的时候，可曾想过这是多么愚不可及的行为吗？你们已经忘记但丁为这个城市殚精竭虑的付出了吗？你们已经忘记他为这个城市毫无保留的贡献了吗？你们已经忘记你们曾为他高举双手时赞美地吟唱了吗？

那么告诉我们，你们还记得什么？你们失去了但丁还拥有什么？你们还配得上拥有什么？如果你们企图将一切罪恶的行为归结于时代的错误，那么当你们停止对但丁的诋毁、咒骂、流放之后冷静下来，可曾幡然悔悟？可曾心存不安？可曾接受良心的谴责？

如果有，那么你们为什么不召回但丁的遗体呢？在维罗纳、在博洛尼亚、在莫埃罗、在帕多瓦乃至遥远的巴黎，人们无不惊异于佛罗伦萨的无情。四处漂泊的但丁最终被拉文纳所收留。作为他故乡的佛罗伦萨，你们不因此感到羞愧吗？

我不想再细数你们的罪行，我只希望你们能够改过自新，只有这样才能让仁慈的上帝撤回对你们的惩罚。

请告诉我，是否因为佛罗伦萨拥有太多的优秀艺术家，才致使你们敢于无情地抛弃一位在其他城市乃至异国他乡都备受尊敬的人物呢？请告诉我，在佛罗伦萨到底一名市民需要做出什么样的丰功伟绩、拥有什么样的美德才值得你们留恋呢？你们认为的成功究竟是什么呢？

是金钱吗？它虚幻而世俗。

是美丽吗？它短暂而易于流逝。

是奢华吗？它糜烂而备受指责。

那么到底是什么在影响着你们愚蠢的判断呢？唉！丑陋的佛罗伦萨！你们错误的品评和拙劣的欣赏使你们在意大利臭名远播，你们似乎只注重于外表的华美而忽视内在品质的高贵。

你们还在以盛产富有的商人和艺术家而骄傲吗？睁开眼睛看看你们的商人和艺术家吧。你们的商人厚颜无耻、卑躬屈膝地拜倒在金钱面前，为了利益他们不顾一切廉耻、无所不为；而你们的艺术家，原本可以凭借上帝赋予的才华成为不朽艺术的一部分，但却由于对名利无穷无尽的贪婪追求而变得让人恶心。

　　你们已经不再是曾经的佛罗伦萨。多年前佛罗伦萨的先辈们拥有高尚的品德，他们用生命筑起高墙来抵御抢劫、欺骗和偷盗。而如今，你们的领导者乃至整个城市都是强盗，你们所认为的价值根本毫无意义，真理和正义只会遭到你们的嘲笑和打击，迟早有一天愤怒的上帝会让惩罚之火降临在你们的头上。

　　仁慈的大地母亲，请你睁开怜悯的双眼看看这些人都做了些什么吧！

　　佛罗伦萨，请不要再自以为是了，你们应该反思自己所做的一切，为犯下的错误而感到羞耻。如果你不知道什么是正确的，为何不虚心地低下你高傲的头颅，看一看周围？

　　希腊最重要的城市——雅典，它们能够建立起正确的秩序，正是因为有合理的社会制度作为依托。

　　阿戈斯，他们以拥有多位优秀的国王而享有盛誉。

　　土麦那，因为杰出的主教——尼古拉斯而受到人们的尊敬。柏洛斯，因为古老的英雄涅斯托尔而名声远播。

　　再看看赛玛、希俄斯岛和克勒芬，这些曾经辉煌一时的城市，都以争相宣布自己为伟大诗人荷马的诞生地为荣。由于年代久远，我们不能完全肯定荷马的出生城市到底是哪里，但多年来这些城市一直都在向世人夸耀荷马是自己城市最伟大、最杰出的市民，他们之间的激烈争论从未停止过。

　　再来看看我们的邻居曼图亚，除了维吉尔是一位曼图亚人之外，他们再没有什么值得炫耀的地方，但至今为止，每一个曼图亚人都对自己的同胞诗人怀有崇高的敬意，在他们城市的每一个角落你都能发现维吉尔的肖像，无论是贵族的私人城堡或是制陶工的简易作坊，维吉尔毫无疑问是他们城市的象征。

　　这样的例子在身边数不胜数，像苏蒙娜因为奥维德变得著名；维诺萨因为贺拉斯；阿奎诺因为尤雅纳利斯；还有许多其他的城市，每一个都为了拥有这些杰出的诗人做他们的子民而争辩不休。

　　佛罗伦萨啊！这些城市对于英雄与贤者的尊敬不值得你去学习吗？你要知道，他们如此礼遇自己城市的杰出市民并非是毫无理由的。伟大人物对于世人的影响是深远的，他们会在历史的名册上永垂不朽，而养育他们的城市也会随之被人们所铭记，哪怕这座城市已变成一片废墟，人们也会在记忆里为它保留一个位置。

　　所以，佛罗伦萨啊，我不明白为什么你会愚蠢到选择另一条道路，把永垂青史的机会拒之门外。曾经，坎米利、普里科里、托奎提、法巴奇、法庇、老小伽图和小西庇阿，这些历史上杰出的人物，因为自己辉煌的成就而永留青史，但是却像古老的克劳狄人一样，失去了你们的关爱。

　　现在，你们又没有给予伟大诗人但丁应有的尊敬和名誉，还将他永久流放，将他剔除出佛罗伦萨先贤的名单，我不禁要为你们愚蠢的行为感到羞耻和叹息。

你们对但丁所做的一切都并非受命运之神的指引，而是人性丑恶一面的表现，邪恶的欲望让你们利用所谓的法律实现着野蛮人的理想。一旦但丁落入你们手中，其后果可想而知。

你们让但丁在流放中孤独地死去，是因为你们嫉妒他非凡的才能，是因为他"英俊的面孔"和你们"丑陋的嘴脸"格格不入。我实在无法想象，为何一个母亲会嫉妒自己孩子的优秀。

但丁已经死去，他不会对任何活着的人进行报复，作为母亲的你也可以停止内心的焦虑了，你们长久以来对但丁的迫害也终于停止了，有生之年你们再也不会看到但丁了，他已经在另一片纯净的天空下自由地呼吸了。只有在你们临终之日，最终的审判到来之时，你们才会再次见到但丁。

那么，佛罗伦萨该为但丁做些什么呢？至少该比野蛮人更具人性吧？在遥远的年代里，野蛮人为了取回战争中死去同伴的尸体，甚至愿意付出自己的生命，最著名的例子莫过于特洛伊的孙子和罗马的儿子。

赫克托凭借高超的武艺多次成功保卫了特洛伊，当他不幸在战斗中牺牲后，悲痛欲绝的普里阿摩斯愿意用同等重量的黄金去换回儿子的尸体。小西庇阿是功勋卓著的解放者，也是整个意大利的英雄，在其去世时曾表示过不必费力将骸骨运回罗马，但意大利人怎能遗忘他为国家所做的一切呢，依然将他的尸体从利特温人手里运回。

这都是曾经古代野蛮时期对各自英雄的礼遇和尊重，虽然但丁在某种意义上不能和他们进行横向比较，但这并不能作为你们遗弃他的理由，佛罗伦萨啊，向你的前辈、邻居学习这些优良的传统和美德吧。

但丁活着的时候，佛罗伦萨将他永远地流放，像对待一个罪人般将他无情地驱逐，现在但丁已经死去，所有的仇恨、愤怒也慢慢消退，佛罗伦萨应该用一种正确的思维方式来反思曾经所做的一切，对于自己违背古老训示而犯下的错误应该感到羞愧，应该以一个母亲而不是敌人的姿态出现，应该给予这位佛罗伦萨最优秀的子民一点补偿。

每当提到但丁的时候，你们的声音应该充满着长辈般的慈祥，愧疚的声调里应该带有温暖。曾经你们傲慢、恶劣地对待但丁时，他仍然像孩子尊重长辈般的敬重你们。当他被你们驱逐在外时，他习惯称呼自己，也同样希望别人称呼自己为——佛罗伦萨人，你们可曾知道，在世人对他所有的称呼中，他最喜欢的就是这个名字。如果现在你们做出补偿还为时不晚，起码是一个良好的开端。

如果在开始时，你们未能像那些智慧的城市一样礼遇自己优秀的市民，那么现在，你们就应该学着他们的脚步去纠正自己的步伐。那七个都宣称自己是荷马出生地的城市，纷纷在自己的土地上建盖了荷马坟墓，虽然只会有一座是真的，但谁又会因此去责怪他们呢？

　　倘若曼图亚人怀疑维吉尔并非是自己的市民，那么一直被维吉尔称作圣地的皮拉图立刻会为他建造一座精美的墓碑。如果屋大维的骸骨没有从布林迪西被运回那不勒斯，所有罗马人会答应吗？我无法想象。而苏蒙娜哀伤的泪水一直流个不停，是因为在蓬塔斯岛上埋葬着她的奥维德。再看看帕尔马，他们为拥有凯斯乌斯而欣喜若狂。

　　佛罗伦萨啊，你可曾知道，有多少城市希望成为但丁的庇护者？他们为了但丁能留下来而不惜一切。所以，你们应该主动请求但丁的回归，哪怕你们并没有一点饶恕他的意思，至少这样做能够减轻你们残忍处罚但丁而受到的指责。虽然你们残酷的内心无比庆幸但丁的离开，但也请至少流露出惋惜的神情惺惺作态一番吧，至少那样，人们还会觉得佛罗伦萨有些许正直的存在。

　　但是现在，我鼓励你们所做的一切是否应该，我也不敢肯定。因为我不知道但丁是否愿意离开自己安眠的地方，重新回到佛罗伦萨。他安睡在拉文纳，那里虽然没有佛罗伦萨著名，但他们给予但丁的尊重却远非你们可比。

　　现在，很多杰出的人物都埋葬在拉文纳，因为在那里，他们的遗骸不会遭到人们无情的践踏，只会有无数敬仰者在墓前脱帽鞠躬，而重回佛罗伦萨与那些邪恶者埋葬在一起，但丁会愿意吗？那些优秀的贤者会愿意吗？我不知道。

　　古时的拉文纳曾经是个沾满战士鲜血的地方，但是现在，他们将这些战士、伟大皇帝，以及来自古老家族的杰出人物全部供奉起来。上帝看到了改变，他赏赐给拉文纳很多的礼物，让拉文纳拥有了对这些伟人永久的监护权，这让全世界羡慕不已，也让那些不知道如何让自己城市变得高贵的地方羡慕不已。

拉文纳因得到上帝的恩惠而欢呼雀跃，他们为拥有但丁的墓而倍感荣幸，拉文纳已被世界所知晓，他的城市上空闪烁着耀眼的光环。

作为但丁出生地的佛罗伦萨你们可曾想过？这顶荣誉的光环原本属于你们，拥有但丁诞生地的美誉原本属于你们，可你们却毫不珍惜地将他如同敝屣般抛弃，原本属于拉文纳的快乐本该是你们对世人夸耀的资本，而现在……

那么，佛罗伦萨你还要继续这样下去吗？继续让其他城市独享你本该拥有的自豪吗？

# 第八章　特征与天赋

　　之前，我们对但丁的爱情、家庭和政府任职时期的情况进行了说明，大多数篇幅都围绕着他流放后的日子作为主体。那么现在，我需要对但丁其他方面做一些介绍，来让大家对他有更直观的了解。首先，我会就但丁的外貌进行描述，然后对他的生活习惯和日常行为加以阐述，最后再和大家谈论他在那些不平凡的日子里完成的著名作品。

　　我们的诗人中等身材，脸型稍显细长，鼻梁挺直略带鹰钩，肤色黝黑，头发和胡子厚密而卷曲，下巴较为宽大，相较之下，下唇比上唇略微突出。他习惯谦卑地弯曲着身体行走，但看上去很优雅，面部总是呈现出一副忧郁的神情，仿佛每一刻都在沉思。

　　表情忧郁的但丁有时也会露出难得的笑容，比如在维罗纳的那一天。当时的但丁已经声名远播，尤其是他《神曲》中的《地狱》篇备受人们喜爱。在一个晴朗的上午，当但丁和他的几个朋友走过一条熟悉的街道时，两名妇女看到了他们，于是有了下面的谈话。

"你看到那个头发和胡子卷曲的人了吗？听说他能够自由地进出地狱，将那里的消息带回人间。"

"是啊，我也常听人这么说，他的胡子和头发都是卷曲的，皮肤是黝黑的，那都是因为地狱之火造成的。"

两名妇女虽然只是低声的交谈，但她们的声音却恰好能让但丁和他的朋友所听到。看到人们对自己作品的深信不疑，但丁露出了会心的微笑，对于这种赞美与认可总是能让他感到由衷的欣慰。

无论是在自己家中还是其他公众场合，但丁都是表现出一致的谦恭态度，对所有人都是保持着彬彬有礼的风度。在对食物的态度上，但丁保持着良好的规律，他按时进食，不会由于饭菜的丰盛或粗简而挑剔，对酒也异常节制，从不会过分多饮。他经常赞美那些精致的食物的美感，但日常所食却是简单而普通的。他认为人们应该认清主次，食物只是为了生存的需要而存在，而不是因为进食而生存，所以他不主张将精力过分浪费在食物的精致上面。

在学习和工作时，但丁是专注而沉默的，他很少说话，除非你向他发问，如果他觉得这是一个可以讨论的话题，便会滔滔不绝地与你研讨甚至雄辩。每当这时，他总是思维敏捷，谈吐得当，话语也显得异常流畅快捷，于是那些对但丁不了解的人不禁感叹，原来那个看上去木讷沉默的人，是可以与人进行完美顺畅对话的啊。

但丁对音乐也有着浓厚的兴趣和见解，他年轻时结交了很多最优秀的歌手和音乐家，在欢快的气氛下，但丁迸发出跳跃的灵感，写下了很多诗篇并为诗歌配上了美妙绝伦的旋律。

被但丁优美诗歌所深深吸引的人们，对他表现出了狂热的崇拜与爱慕，我坚信，正是因为这份爱慕之情激发了但丁写作的天赋。初期，但丁跟随优秀的诗人学习，处于模仿阶段的他，也曾有不少佳作。而后开始自己创作，令人称奇的诗歌更让但丁备受关注。

当知识与经验的累积到达一个高度、荣誉接踵而至时，但丁没有停下脚步，他智慧的头脑突破文字的瓶颈，开创了用佛罗伦萨俗语写作的先河，成了无数民众和同行顶礼膜拜的导师。但丁接受过佛罗伦萨语扎实的教育，他赋予了俗语前所未有的美感，他超越了所有同时代的作家。

在但丁孤独地被流放时，习惯了一个人静静的沉思，不受所有外界的干扰，或许正是那时的经历造成了他的一个怪癖。当与朋友一起聚餐或旅游时，一旦但丁因为某种特殊的灵感而大脑急速运转时，无论任何人向他提出任何问题他都置若罔闻，直到他停止思考或已经有了答案后才会恍然回顾：朋友，你刚才说什么？

我想，但丁这个怪癖的形成存在选择与被选择的关系，他于某件事情上的专注必将使他成为这个怪癖所选择的最佳对象。

据他的朋友讲，有一次但丁去逛一家锡耶纳的药剂店，有人为他带来了一本在知识分子圈内非常著名的书，这本书虽然但丁一直都想看，但由于种种原因未曾开卷，当他于狭小的药店内偶然得到意外之喜时，迫不及待地开始翻阅。由于空间有限，没有合适的地方放置这本书，但丁便胸口朝下，在药剂师询问的声音中不管不顾地趴在了长椅之上。比这更加令人忍俊不禁的例子还有不少。

有一次锡耶纳举办了异常盛大的庆典比赛，因为有年轻贵族的参赛引起了群众巨大的骚动，音乐声、欢呼声鼓噪而起，美丽的女孩翩翩起舞，年轻的男子兴奋欢呼。就在这些诸多的声浪席卷之下，但丁在自己的座位上神情泰然地捧着一本书，由始至终他的视线一直都未曾离开过那里，他静静地阅读、默默地思考，从三点一直到六点，等到他终于心满意足地抬起身离开座位时，朋友询问他，如何做到对一场热闹非凡的表演视如无睹的？他简洁地告诉朋友说："我没有听到任何声音"。这个出乎意料的回答让发问人惊奇万分，诧异得目瞪口呆。

除了不受干扰的能力之外，但丁还拥有很多令人惊叹的才能，他博闻强记，智慧超群。那么接下来我就再举一个事例来说明这点。

在但丁身处巴黎时，曾经参加过一场由神学院举办的辩论赛，比赛由十四个不同领域的论题组成，每个学科由本领域的专业学者主持，参赛者可以自由选择任意项目进行答辩。但丁惊人地连续参加了所有的学科比赛，期间没有休息过一分钟，更令人不敢相信的是，他从正、反两方分别立论进行辩论，在比赛中，但丁能一字不落地陈述对方之前陈述的观点，然后再逐一驳倒。精彩绝伦的表演让在场的所有人惊呼，这简直就是一个奇迹。

但丁异常渴望荣誉和爱情降临，有时我会觉得，他对这些事物的追求甚至与他高贵的人格与智慧不相匹配，但如果缺乏荣誉作为生命闪耀的点缀，生命又将会变得多么乏味与卑微呢？

或许正是对荣誉的渴求，让但丁选择了诗学，他清楚地洞察到，虽然哲学比所有其他科目更显高贵，但世界上已经拥有了很多优秀的哲学家，而且哲学晦涩难懂，很少有人能够理解它所表达的真正意义。而诗学浅显易懂，能够给人带来欢乐，杰出的诗人更是寥寥无几，所以，但丁选择诗来为自己赢得辉煌的荣誉，获得世人的认可。故此，他把更多的时间和精力都投入到了诗歌的创作之中。

毫无疑问，但丁实现了自己的愿望，他的付出得到了回报，优美的诗歌让他家喻户晓、名扬天下，如果命运之神能够仁慈地准许但丁在有生之年回到佛罗伦萨的话，他必将在桑乔万尼的泉水前接受桂冠的加冕。那里是他接受洗礼和获得但丁这个名字的地方，是他璀璨生命诞生的地方，他的成就足以让他在桑乔万尼接受第二次神圣洗礼。

然而命运未能让但丁得偿所愿，他再也没能回到故乡，再也没能在有生之年回到佛罗伦萨接受加冕，虽然他可以选择在任何其他地方举行加冕仪式，但他不愿意这样做。他喜欢别人称呼他——佛罗伦萨的但丁，他希望在佛罗伦萨正式加冕。或许，直到离世的那一天他仍念念不忘吧？而佛罗伦萨，你是否也忘记了呢？

很多人会问起，到底什么是"诗"？什么又算是"诗人"呢？这些词语的起源从何而来？为什么最杰出的诗人会得到桂冠的荣誉？很少有人就此做出回答。

在此，我愿意用浅薄的知识，去尝试回答这些问题，下一章节我会清楚地向您解说。

# 第九章　诗学的由来与意义

　　远古的人类，行为粗鲁，头脑简单，没有正确的文明礼仪及价值观，通过不断进化、发展，人们在劳动、生活中积累了经验，增加了阅历，才开始慢慢认知这个世界。

　　当人类的认知随着时间的推移达到一定程度时，逐渐意识到很多事情是自己能力范围内无法理解和操控的，而是在一种无形力量的推动下发展、运行。

　　风、云、雷、电、火山爆发、洪水肆虐等自然现象被当时的人类视为某种神秘力量存在的证明，他们把这种神秘力量的掌控者定义为神。神是至高无上、无所不能的，他支配世间的一切，安排人类的灾难与幸福。

　　在经过无数次灾难洗礼之后，人类认为支配万物的神有着无与伦比的力量，决定着世间的痛苦与快乐、生存与死亡，对于这种力量的拥有者——神，开始深信不疑、顶礼膜拜，并认为他应该享受各种仪式的祭祀，应该为他建立独特的场所进行叩拜。

于是，人们为神建立起无数宏伟巨大的建筑物，而这种建筑物不单要在形态上独具一格，在名字上也要独树一帜。于是为了凸显尊贵，人们将这些建筑物定名为——神庙。

被专门指派为神服务的人类，都是经过精挑细选的僧侣，他们与世隔绝，每天专心致志地忙于服侍神的各种活动，这些人被尊称为神职人员。由于他们是神的忠实奴仆，言行代表着神的旨意，所以备受尊敬。

为了得到神的庇护，人们在神庙内建造起各种形态各异的雕像，更是将黄金容器、大理石制品、紫色法衣等贵重物品作为供奉的必需品。在一切具备后，便可以开始虔诚地跪拜和祈祷了。当你向神诉说请求时，必须要平心静气、轻声细语，保持谦恭的态度和肃穆的神情，这样才能让神注意到你的存在。

最为重要的是，你在向神倾诉时发出的声音，是要轻松悦耳并富有节奏韵律的。很显然，如果用日常用语和习惯口语所发出的声音，神是不会理睬也不会感到喜悦的，所以必须要用一种艺术化、高雅的方式来向神表达你的愿望。

在希腊，这种艺术化的高雅形式被称为——诗学，所有在这种条件下创造出的作品被称为——诗，而创造这种作品的人，被称为——诗人。

以上就是诗人和诗学的最初由来，不过也有很多人对此表述了不同的看法，他们的依据也颇有道理，但我还是最喜欢这个解释。

最初，远古时期的人们只供奉一位神，但经过地域的不同、知识的认知程度，以及文明发展的快慢，更出于各种不同的目的，人们开始声称世界上有很多神的存在。

有一位神是至高无上的，但其他的神也各自掌握着自己的领域，比如太阳、木星、土星等其他星球都由不同的神在领导，他们都有着非凡的神性，影响力不尽相同而已。

再后来，人类开始认为世间一切对自己有利的事物都有神的存在，为了向这些神奉献优美的诗，开始大量地创作并供奉祭品。

接着，在一些地方有人刻意捏造出种种理由，或制造出各种假象，声称自己是神的化身或者是神的儿子，开始根据自己的意愿编撰出一套所谓的法律，用来约束群众，但其实只是为自己带来更多的利益。

在人们为某件事发生争执时，他们以自己的利益为出发点去解决纠纷，随后又用利于自己的条款去约束和管理人们的生活和习惯。一旦有敢于反抗或怀疑的行为出现，便会用武力镇压来维护自身权益，这种人被称为国王。

国王要求所有人对他无条件地服从，在他们出现的场合总是伴随着奴隶和饰品，用来体现他们的与众不同，等到将自己高高在上的地位稳固后，他们又开始想尽办法让自己成为世人崇拜的对象，企图像神一样去统治世人，但他们却不能像神那样去佑护自己的子民，对于人们的祈祷与乞求，他们只会考虑满足自己后有没有必要去达成，我不得不说，这并不是神的表现，只是人的行为而言。

对于那些用武力很难征服或是需要长久驯化的人，国王也有自己的办法。他们神化自己的父亲、祖父、甚至祖先，将他们身上存在或根本不存在的事迹无限放大，杜撰出无数光荣行为来说明曾经的伟大，并将这些伟大带入到人们相信的宗教中，用信仰去迷惑和欺骗世人，借以击败一切不服从及难以管理的人。

他们借助神的光芒来实现自己的野心，利用大众对神的畏惧和尊敬来巩固地位，人们信仰的神也是他们的信仰，但这并非是真的信仰，而是建立在统治信仰基础上的。他们愿意让世人相信有神的存在，因为他们告诉世人，自己是神的化身及人间代言人。

他们鼓励诗人用所有最美丽的词汇去赞美、讴歌神的至高无上，因为这些美妙的诗句和虚构的情节能够帮助他们更好地统治，服从神的意愿就是服从他们的统治，所有他们无法完成的事情，都可以借助诗人对神的赞美而巧妙地完成。

我不得不承认这是一个高明的手段，人类文明发展到了今天，依然有很多人相信他们编造出的东西，更不要说在蛮荒时代的人了。

对于那些信奉上帝或者自称为上帝之子的人来说，诗歌应该保持一致的连贯性，第一个人写出描述、赞美真神的示范，之后的人用前人的模式继续下去，他们认为，只有这样才能让先知和英雄的行为与上帝的风格保持一致。

在很多描写战争的诗歌里，所有伟大英雄的事迹与上帝相提并论，甚至有时互为混淆，或者说在那一刻英雄就是上帝，上帝就是英雄。长期的格式化运行轨迹逐渐形成了诗人的职责和功能，如今，有些人认为诗歌只不过是将词汇集中在一起的无聊演讲，没有任何特殊及实用价值。

我认为，这是极端无知的表现，他们根本不懂得在远古时期诗的意义所在。在我告诉大家为什么诗人应该加冕桂冠前，我需要首先肯定一点：诗学在某一阶段和某种意义上来讲就是神学。

那么为什么这么说呢？如果你仔细阅读神学著作与描写神的诗歌就会发现，古代诗人创作的进程是依据《圣经》的脚步所展开的。翻开《圣经》你会发现，里面的神与先知通过某一件事情来向世人揭示最高深的秘密。当然，这个秘密需要你开动智慧的大脑睁开明亮的双眼去挖掘。

当你看明白、想明白之后就会发现，每一句话、每一个文字下都有一个他们向你呐喊的窗口，藏在诗歌中的含义向你隐晦地揭示着一切，每一个虚构的故事其实都是他们预言未来的独白。诗歌是藏在面纱之下的真理与未来，是现实与虚幻的交叉，它并非毫无意义地无病呻吟，而是历史的写照、手稿的真相。

虽然神学和诗学在写作手法上有所区别，但在很多方面其目的性是保持一致的。比如，在描述格列高利的时候，神学与诗学都对他加以褒奖，《圣经》里的记述和描绘与诗歌里如出一辙，其目的都是要通过文字来揭露社会底层所不知的秘密，来向世人发出警告和劝诫。

神学和诗学在训练智者的同时，也同样加强了愚者参悟真相的能力，它既可以作为教导孩子正确作为的基础典范，同时也能成为隐藏深切秘密的宝库。它如同一条涓涓河流，既可以让柔弱的羔羊顺利通过，也可以成为大象自由徜徉的居所。无论你强大如神或是弱小似虫蚁，无论你是奔腾不息的大江还是细小孱弱的水滴，这里都有证明存在的价值和你探索的空间。

# 第十章　诗学和神学

　　《圣经》，一部典范的神学著作，同时也是珍贵的百科全书。它通过借助历史故事、奇异预兆，配以哀歌挽诗等形式来讲述历史事件，其中有很多关于耶稣的叙述。

　　在《圣经》中大家看到了耶稣的诞生、生活经历，以及他神圣的预言及悲惨死去又胜利复活的故事。在故事中我们了解到了耶稣的为人，看到了他悲天悯人的高尚情怀，为他的不幸离去而悲伤，为他的神奇复活而欣喜。

　　《圣经》是一部隐藏着巨大秘密的宝库，如果你通过阅读受到了教育、升华了思想，那么你就能找到重新开启荣誉大门的钥匙。这扇荣誉之门曾因为亚当的罪行而关闭了很长一段时间，而耶稣的死亡和复活正是开启大门的智慧之匙。诗人以文字为画笔，通过预言、神话等多种方式、各种题材来讲述犹如天方夜谭的故事，来描绘历史的发展进程。

他们在字里行间内循循善诱，向我们诉说着世间万物产生的因果，善恶有报的循环，人该如何学习正确的行为，避免错误的发生等。

诗人是拯救者、引导者，在你通往寻找荣誉之匙的道路上，他们的教诲与引领将是你一生受用不尽的财富，是你获得幸福的保障和祝福。

那么接下来我们看看诗人是如何在《圣经》中用文字和故事来向大家表达深刻寓意的吧。

摩西看到了上帝在绿色灌木丛中如同烈火般灼热的显现，圣灵借以向人类宣告，圣母拥有完美无瑕的贞洁，她比世间一切生灵更加纯洁无邪，高尚的情操如同日月般光芒四射，她为圣父诞下耶稣，她的贞洁因圣子而更加高贵，更加耀眼夺目。

尼布甲尼撒二世在梦里见到由金属铸成的雕像被一块坚硬的石头所摧毁，后来这块石头变成了一座巨大的高山。《圣经》通过这个故事向人类表达出：从耶稣诞生后颁布教义的那一刻起，所有的错误都将被推翻，耶稣就是尼布甲尼撒二世梦中的石头，无论你是由哪些强硬的物质所构成，终将会被击得粉碎，而后化为腐朽的灰烬。而由耶稣产生出的基督教将会像大山一般坚定不移，永垂不朽。

诗人用同样的方式为农神萨杜恩设想了以下桥段：萨杜恩拥有很多个孩子，但是因为种种原因，他只留下了四个，其余的均被他吃掉了。

　　其实诗人是想通过这个故事向我们表达，萨杜恩是时间的使者，万物皆起源于时间，时间创造了万物，却又无情地摧毁着万物，所有被时间淘汰的东西都将化为乌有。那四个幸存的孩子分别是：朱庇特、他代表的元素为火；朱诺、她是朱庇特的妹妹，也是他的妻子，代表的元素是空气，因为火焰需要借助空气才能充分燃烧；第三个是海神尼普顿，他代表水元素；第四个是普路托，他是地狱之神，代表地球，也是所有元素中最底层的元素——土。

　　诗人认为，赫拉克勒斯是一位由人类变成的神，而莱卡翁则是从人变成了豺狼。莱卡翁生性贪婪，且作恶多端，他的所作所为就如同野兽般残忍奸诈，虽然他的外表是人的模样，但内心却已和狼在本质上没有任何区别。而赫拉克勒斯只是一个凡人，却能完成十二项人类所无法企及的任务，他是人类的英雄、楷模，死后就变成了神，永久地居住在奥林匹斯山上。

　　其实诗人是想借此告知人类，假如行善，你便可以像赫拉克勒斯般由人变神，升入天堂；如果作恶，就会像莱卡翁一样变成野兽被打入地狱。诗人通过自己的想象向我们描绘了伊甸园的美景与地狱的黑暗：当我们脑海里在想着天堂时，你便会看到伊甸园无与伦比的极乐世界；当我们脑海里想着地狱时，你就会看到火焰灼烧的悲惨世界。所以，是行善进入天堂，还是作恶下入地狱，都是人们自己选择的结果。天堂与地狱本是遥遥相望、两不可及的，但一旦你的行为代你做出选择，那它们之间将只会存在一扇虚掩的门。

我很想将这些故事所蕴含的其他意义加以详细说明，但却会让我要说明的主题略有偏移，这些故事异常有趣，也能加强我的论证，让它显得更有说服力，可我想以上的篇幅基本已经足以让大家明白我所想表达的意思，下面，我们还是回到主题上来吧。

很多事例可以证明，神学和诗学在手法和方式上是极其相似的，它们的不同点在于主题的选择，在这方面它们不仅不相同，甚至是观点迥异的。神学在主题上都是选择神圣的真理作为叙事点，而古代诗歌所描写的往往都是异教徒和异教神的故事。神学对于事物不做任何假设，只承认真理，而诗学所认为的真理不尽都是真实可信的，很多都是基于假设所做出的，有些还与基督教的教义背道而驰。于是，很多人站出来评论说，诗人所创作出的寓言故事是虚假的，他们的内心都是邪恶猥亵的，是与真理相互对立的，他们还认为诗人应该把他们的才华用在正确的地方，而不是虚构事实去欺骗世人，用错误的理论去误人子弟。基于这些人对诗人做出的批评，我想需要进一步地进行商榷，再做结论。

说到对诗人的偏见，这些人应该仔细回顾一下《圣经·旧约》里发生在但以理、以结西、以赛亚身上的异象。

上帝借助圣徒之笔向世人揭示了人间的秘密：世间万物没有起点也没有终点。再来看看《圣经·新约》福音书里著者所看到的异象吧，对于那些能够理解书中启示的人，那些真理是不可动摇的，但如果只看表面，那么诗所描写的寓言故事似乎与实际情况相去甚远，其实，你该换一个角度去重新审视。

最初，诗人写出寓言故事并不是为了给人们带来欢乐，也不是给某些人或自己带来利益，所以那些认为诗人借助寓言作为踏板去进行无聊说教，进而指责诗人的人，我认为大可不必。圣灵是通往天国的必经之路，而诗人是圣灵在人间的布道者，在你对某些事物和问题没能有清晰的认识前，便粗鲁地指责诗人，就是对圣灵的怀疑和不尊重。所以，这种行为绝对是愚不可及的。

还有很多对诗人盲目错误的论调，在这里我就不再给予解答了，我只做出我的论证，但我会在恰当的时间给他们一个说法，让他们停止无端的攻击，让他们对诗人能有一个正确的认识。

很多人都认为，在历尽艰辛之后得到的果实，比不劳而获得来的果实要更加甜美和珍贵。真理其实也是如此，那些浅显易懂的真理虽然能让你很快明白，但也会很快让你忘记，为了给人们带来更多的欢乐，留下不可磨灭的记忆，诗人会将真理隐藏在表象之下，这个真理有时会与表现有不一致的线索，它让人很难捉摸和理解，让人更加难以轻易地获取。但一旦你解开层层外衣，剥开露在其外的表象而得以参悟，便会终生铭记一生，并从中受益。

为此，诗人选择寓言来作为掩藏真理的外衣，这是因为美丽的寓言故事下蕴含着哲学的真理，所有诱导之词像一张隐晦的藏宝图，等待着智者的发现和探索。当你知道这些后，该如何重新看待诗人呢？你还认为他们是无聊至极、语无伦次、自说自话的疯子吗？当然不是，诗人不是疯子，他们是智者，是引导者，是领航者，他们将对事物深刻的理解与雄辩技巧隐藏在作品之中，就像果肉与果皮，你要的到底是哪一个，这需要你自己去选择和揭破。

开始时我曾说，神学和诗学拥有很多相同的地方，在手法和方式上，这两者在很多方面来看都极其相似。事实上我甚至觉得，其实神学就是上帝的诗，那么神学到底是什么呢？为什么在《圣经》里对耶稣有着各种不同的形容呢？有时候说他是一头狮子，有时候说他是一只羔羊，一会儿说他是毒蛇，一会儿又说是石头呢？还有很多种说法，我就略过不提了，其实这些形容不正像诗一样，是想象下的虚构吗？《福音书》中，救世主用了很多不同的语言和方式来向世人做出启示，其包含的真正意思也与外表所呈现的不一致，用通俗易懂的语言来说，这就是寓言。

所以我认为，诗就是神学，神学也是诗。如果我的种种解释仍然无法让你相信，那么我也无可奈何，你可以保留对我的怀疑，但你至少应该相信亚里士多德吧？对于很多领域来讲，他都是一位最伟大的权威者，他也曾经肯定地说过：诗人是第一个神学家。那么你对这个重要的问题的看法是否会有所改观呢？好了，这部分我已经说得够多的了，现在我开始下一个题目：为什么在众多的学者中，唯有我们的诗人被授予了桂冠的荣誉呢？

# 第十一章 诗 人

很多国家的人一致认为，哲学著作的首次出现是在希腊，是希腊人发现了哲学并对隐藏在哲学之内的诸多秘密进行探索，从而让人们对哲学得以了解和深思。

在哲学的宝藏里，希腊人获得多了军事理论、国家体制等宝贵的财富，这让他们比世界上任何国家更显高贵和伟大。在哲学发展的道路上，梭伦的神圣理论和箴言被广泛认可和谈论，依照他的建议，希腊人确定了希腊共和国时代末期的法律，法律规定：惩罚做坏事的人，奖励做好事的人。正是由于梭伦制定的法律，使得希腊在当时空前的强盛与繁荣。

在所有的奖励措施中，对品德高尚、贡献突出者的奖励是授予一个缠绕着月桂叶子的桂冠。桂冠象征着荣誉和赞美，它将在一个公共场合，在所有人面前佩戴在被授予者的头上，比如优秀的诗人、凯旋的将军、英勇的骑士，以及那些道德高尚的人头上。

这项荣誉的创始者是希腊人，之后这个习俗传到了拉丁民族那里。于是，为杰出诗人加冕桂冠的仪式，从罗马最辉煌的时期到现在，一直保留延续了下来。至于为什么桂冠会选择月桂叶，而不是其他的叶子，我会在下面详细说明。

众所周知，太阳神阿波罗对达芙妮的爱恋，当达芙妮变成一棵月桂树后，为了表达深深的爱意，伤心的阿波罗采下月桂叶缠满七弦琴和号角，并用叶子做成桂冠一直戴在头上。

那么这又和诗人有什么关系呢？因为阿波罗是第一个写诗的神，他是诗的创立者，也是一个伟大的诗人，所以人们以他为榜样，效仿他的行为，将月桂树叶子做成桂冠为诗人加冕。

时至今日，这个习俗保留下来，人们依然还在用月桂树叶子进行加冕。其实这个解释属于古老的传说，我并不否认它的可信程度，但我还是认为，以下的版本更为可信。

这个版本对于为什么采用月桂树作为桂冠加冕的来由不掺杂神鬼概念，而只是注重于物种本身。通过人们对树木的品质进行鉴定后发现，月桂树有三个独特的特质，这三点让它成了幸运儿。

第一：就像我们眼睛看到的，月桂树叶葱翠碧绿，不但颜色让人喜欢，而且不易褪色。

第二点：月桂树叶不受光线的影响，能够长期保持鲜嫩，不易枯萎。

第三点：月桂树叶散发出的清香让人喜悦，且时间长久。

桂冠的发明者认为，月桂树的三个特质与诗人和君王的荣誉遥相呼应。

第一：碧绿的树叶就像他们的名声一样，永远不会因为时间的流逝而褪色。

第二：他们认为诗人拥有巨大的能量，他们的作品具有强大的生命力，能永久地留存于历史之中，哪怕是嫉妒的火焰和愤怒的雷电都无法将它摧毁，就像月桂树顽强的生命力一样。

第三：当你阅读那些美妙诗篇的时候，字里行间流露出的芬芳就像月桂树的香气般，能沁人心脾，让你感到前所未有的愉悦，长久留香、经久不散。

因此，选择月桂树叶作为桂冠是再合适不过的选择，将它作为荣誉的王冠授予写出美妙诗歌的诗人，也是最为恰当合理的选择。无数人都梦寐以求地希望获得领受桂冠的资格，我们伟大的但丁，对这个荣誉充满着渴望，只是造化弄人，他带着遗憾离开了人间。但我相信，在天堂，上帝会亲手将你所渴望的桂冠戴在你的头上，你必然是当之无愧的领受人。

# 第十二章　缺　点

我们伟大的诗人但丁，拥有很多常人无法企及的长处，而在其内心深处也藏匿着一个倨傲的灵魂。

在被流放多年之后，但丁的一位朋友向佛罗伦萨政府恳求，让他重返佛罗伦萨，可是那些掌权者认为，但丁是历史的罪人，依照他所犯下的罪行本不该赦免，如果但丁愿意在监狱里待上一段时间，对自己的罪行进行忏悔，然后再在教堂内公开举行仪式，向公众承认过错的话，可以考虑撤销以往的判决，给予他自由。

回到佛罗伦萨是但丁梦寐以求的事情，多少个日日夜夜他都在盼望着那一天，但如果政府将赦免他的行为作为展现自己仁慈的工具，将承认莫须有的罪名作为交换的手段，但丁无法接受，尽管他对回家极度渴望、望眼欲穿，但他无法接受佛罗伦萨的施舍，他不愿意像一个可怜虫般回到故乡。

放弃这种返回的方式，继续流放的生涯，在勇敢的但丁、骄傲的但丁、倔强的但丁看来，这样回归没有任何价值和意义，他愿意继续等待，等待光荣回归的那一刻。

但丁的自信也给人们留下了深刻的印象，很多人对这点都有自己的评价，或者是妄自尊大抑或只是不妄自菲薄，总之这一个性使他在某种特殊场合下让人尤为注意。

在但丁所在党派丧失权力后，他们想通过教皇卜尼法斯召集法国皇帝的兄弟——查理斯来主持城市的事务，政党内的所有重要人物都聚集在一起商讨事态的进程，经过研究，他们决定派使团去见正在罗马的教皇，希望能让教皇出面反对查理斯的到来，或者在查理斯出发前，得到执政党的反对，以使他不能成行。

在商讨究竟由谁出任使团代表时，众人一致推举了但丁。但丁在静静思考了一番后，对大家说：如果我去了，那么谁该留下来呢？要是我留下来，谁又该去呢？

但丁的话让人听上去仿佛只有他才是这里唯一有价值的人，其他人唯有通过但丁的存在，才能体现自己的价值。这句话流传很广，成为人们长久讨论的话题，有人说这是但丁狂妄的表现，有人则说这是但丁自信的体现。至于人们从哪个角度去理解、去认定这是但丁的优点还是缺点，就要看他是否了解与喜爱但丁了。

但丁拥有非凡的勇气，在困难和不幸面前没有丝毫的畏惧，但在某些事情的处理上，他总是显得异常激动甚至缺乏耐性。在但丁开始流放生涯后，他在党派活动上投入了大量的时间和精力，这超过了他能力掌控的范围，有时候他会显得急躁甚至狂暴。到底是什么原因让他在党派倾向上有如此激烈的表现呢？

很久以前，托斯卡纳和伦巴第的人民被划分成两个政党，一个是归尔甫派，一个是吉拜尔派，至于他们名字的起源是怎么得来的，我不甚清楚，但从开始有人这么叫后，便一直这么流传了下来。

在很多人的意识里，这两个名字就是力量和权威的象征，他们心甘情愿地追随着各自的党派，为了一个别人灌输的理念去和另一党派做你死我活的斗争，这些愚蠢的人不知道有没有想过，这么做的结果很可能会让自己失去所有的财产，甚至付出生命的代价。

意大利的历史充满了镇压、反抗、兴盛和衰败，而佛罗伦萨作为意大利最著名的城市之一经历了所有的痛苦历程，现在，这个城市由两个党派轮流执政，政权的更迭与市民的意向犹如四季般不断地发生变化。

但丁的祖先是归尔甫派的支持者，曾经两次遭到政敌吉拜尔派的流放，当但丁以归尔甫派党员身份在佛罗伦萨执政时，也遭受了与祖先同样的命运，被流放出佛罗伦萨，不过，与其祖先不同的是，将他驱逐出佛罗伦萨的却不是吉拜尔党，而是自身所在的归尔甫党。被流放后，但丁发现自己回到佛罗伦萨的希望越来越渺茫，他改变了支持、效忠的对象，开始强烈地反对归尔甫党。

在罗马涅区曾有一份报告描写了但丁当时的党派倾向。当有人公开谴责吉拜尔党的时候，但丁会显得异常愤怒，他要求演说者立即停止"诋毁"的行为，如果对方依然置若罔闻，但丁会激动地向他们投掷石块来表达不满。

或许作为一个政党的死忠，这种行为不难理解，但是，在但丁愤怒投掷石块的对象里，就算演说者是柔弱的妇女或是无知的孩子也不能幸免。

我对于揭露但丁的这段行为感到羞愧，我败坏了他的名声，但我所从事的工作要求我必须正直、公平地叙述事实，如果我对但丁的缺点加以隐藏、掩盖，将他形容成没有任何瑕疵的神灵，那么我对他所有的褒奖之词也不会再有人相信。在此，我恳求但丁的原谅，我相信，如果我用虚假之笔去写作，在天堂的某个角落里，但丁一定会用不屑的眼神俯视我。

从但丁的作品中，我们看到了他高尚的品德和出众的才华，这是他勤奋学习之下必然的成就，是他应得的褒奖。

但在人性的另一面，但丁过着放荡不羁的生活，在其青年时至成年时一直如此。对于这种生活态度，很多人都认为属于人类正常的生理需要，况且那个年代对于男子来说，这并不算是什么大不了的事情。

但我对此无法认同，我不能表扬和鼓励这种行为，我不能为但丁找寻借口开脱罪名。在面对美色诱惑的时候，男人总是像野兽一样失去思考能力，开始意志薄弱乃至放纵情欲，那些拥有美丽容颜的女子，只要她们愿意，又有哪个男人能抵挡住她们魅惑的眼神、婀娜的身段、柔情的密语呢？

我也不能，我没有资格去谴责但丁，谁能作为一个公正的审判员去对但丁做出正确的评判呢？我想，还是交给上帝吧。

对于美女与英雄的故事，古往今来数不胜数，多少人为博红颜一笑而舍生忘死！多少人为红颜而怒发冲冠！战争、屠城、灭亡，不都是围绕着美丽容颜而展开的吗？

你一定还记得朱庇特与欧罗巴、赫拉克勒斯与伊奥勒、帕丽司与海伦的故事，你或许会说这些都是诗的题材，都是寓言故事，不存在真实性，那么我们就来说一些众所周知的真实事情吧。

亚当受到女人的蛊惑背叛了上帝，违背了十诫的教训，这是我们都知道的，除了他之外，你是否还记得大卫王？他本是一位载满荣誉的国王，一个国家的英雄，拥有很多妻子，但当他在王宫内看到拔士巴的那一刻起，却变成了一个通奸者，一个杀人犯，他所做的一切难道是拔士巴所授意的吗？

再来看看所罗门，他遗弃了上帝赐予的智慧，去取悦一个女子，还跪倒在巴兰面前。还有很多伟大的人物，都纷纷倒在了美色的面前。

　　但丁或许也和他们一样，为了取乐而走在了这条不道德的路上，这条路并不会让他感到孤独，总是会有人前仆后继地来来往往。对于但丁的"罪行"众说纷纭，在意或是无所谓的态度在于每一个人不一样的看法，我要做的只是讲出事实，对于评价就留给世人斟酌吧。

# 第十三章  作  品

我们伟大的诗人但丁，一生创作了无数经典的作品，因为在其年轻时曾经模仿过其他诗人的写作风格，所以我认为，应该将他的作品进行甄别，以避免他的作品被冠上别人的名字，或者是别人的作品归到他名下。

在比雅翠丝去世时，但丁大约 26 岁，那一时期他流淌着伤心的眼泪完成了不少诗歌的创作，并将之前的作品整理成一本小册子，定名为《新生》。这些无比美妙的诗歌以押韵体写成，形式与十四行诗和坎佐尼的作品有所雷同。

但丁在每一首诗前面都注解了创作的灵感来源，每一首诗后进行了章节的划分。因为有模仿其他诗人的风格，但丁成年后，总是不愿提起这段时间的作品，但是如果考虑到年龄的因素，但丁年轻时创作的作品也是非常难得的佳作，对于那些平民来说更是喜闻乐见。

这部作品编纂完成数年后，但丁开始了自己的执政生涯，这时的他从政府高层的角度来观察社会，以一个更广的范围更高的参照点来体察民情。

他细致观察周围人们的生活状态，发现群众的优缺点，注意平民的晋升之路及人生价值观，当他越是接近群众，就发现社会秩序越是混乱。高尚的但丁决定改变这种不良的风气，他认为邪恶的行为需要给予严厉的处罚，而善举必须进行奖励，这样才能让弥散在社会中的歪风邪气得以改观。

做出这个决定后，但丁也为自己今后的路做出了重要选择。

要知道，在教导别人时首先自己要行为端正，且需要有一定的社会地位作为传教的前提保障，这样你的劝诫才能起到促进的作用。

于是，但丁在众多学科之中，选择了诗学作为得到人们尊重的途径。但丁计划创作一篇能够警示世人的作品来实现灌输理念的工具，而究竟要如何完成这个作品，他经过了长久的思考。

在 35 岁时，经过人生磨砺和深思熟虑的但丁创作出了伟大的作品《神曲》，在这部巨著中，但丁以自己人生中途的一个梦作为开篇，将整个梦境之旅划分为《地狱》《炼狱》《天堂》三个部分加以展开。

梦境之初但丁进入了一片黑暗的森林，被三只猛兽拦住了去路，它们是母狼、狮子和豹，分别象征着贪婪、野心与享乐，就在但丁一筹莫展时，古罗马诗人维吉尔的灵魂出现了，他告诉但丁，现在的你无法战胜它们，我将指引你另外一条道路，如果你能够穿越所有障碍走到尽头，将会到达天堂，上帝和比雅翠丝会在那里等你。

在维吉尔的引导之下，但丁开始了旅程，他穿越了《地狱》《炼狱》之后最终到达了终点《天堂》，一路上但丁与每一个遇到的灵魂进行交谈，通过对话向世人展示世间的邪恶与善良，发出对正义向往的呼喊。

但丁用佛罗伦萨俗语完成了作品的创作，以诗的形式贯穿全文，整个作品流畅优雅，让每一个阅读者充满了美妙的感觉，仿佛置身其中随但丁一起游历了全程。我不得不说这是我见过的最美的诗歌，它挑不出一点瑕疵，没有任何一部作品能够超越它的美，没有任何一部作品蕴含的意义能凌驾其上。

但丁从开始创作这部巨著到最后完成，历经数十年之久，我们能够从中看到他的智慧和艰辛。然而，如此美妙的诗篇和它所蕴含的意义，却不是每一个阅读者都能够真切体会其中深意的。

但丁用佛罗伦萨俗语将诗歌的押韵表现得淋漓尽致，他希望世人能够读懂他的作品，希望世人能够扬善惩恶，分清黑白，他将自己毕生的精力献给诗歌，献给阅读诗歌的我们，而我们是否真的理解了他的苦心呢？

　　但丁已经远离我们去了天堂，他留给我们的作品依然在人间，当你迷茫、彷徨、不知所措时不妨展开手中的书本，再一次用心体会，总有一天你会明白但丁到底说了什么，到底告诉了你什么。

# 第十四章　神曲的失而复得

　　《神曲》是一部美妙的著作，它的第一部分被但丁命名为《地狱》，从来没有人用过"地狱"这个名字进行创作，当人们第一次看到标题时，会误以为这是一个异教徒的作品，不过恰恰相反，但丁的写作方式更像是基督教诗人，只是勇敢地选用了一个独特的角度进行描绘。

　　当但丁全身心地投入在《神曲》创作中时，却遗憾地被佛罗伦萨驱逐了，当时他刚刚完成第七章的创作，便不得不开始了流亡生涯。但丁被迫停止了创作的脚步，甚至对自己的能力产生了怀疑，那些年间，为了生存他的注意力也不得不转移到其他方面，或许这也是《神曲》数十年才完成的一个重要原因。

　　或许命运之神无法改变上帝所作出的安排，但我想它可以对方向的变化做出稍许的挪移，或者让某些事件的发生延迟或是提前。在但丁被流放后，他之前创作的七篇文章被人在一个木箱内发现，为了避免那些抄家者闯进但丁的屋子将它抢走，这些稿件被立即转移到了安全的地方进行妥善保存。

最初发现稿件的人怀着崇敬之情阅读了那七篇文章，虽然他不知道这究竟是谁写的，也不能完全理解其中所蕴含的意义，但是却被美妙的文字所深深吸引，于是小心翼翼地将稿子取出，交给了一位他所信任的人，那个人就是佛罗伦萨的著名诗人，同时也是一位智者迪诺·德·麦瑟·兰博图茨奥。

当迪诺收到稿件仔细阅读后，也被其美丽、精练而华丽的风格所折服，他对文章的作者能够用佛罗伦萨俗语写作，表现出异常的惊讶和欣喜，同样作为诗人，迪诺能够理解作者藏在美丽诗文下的深意，于是，他决定做点什么。

最初的时候迪诺想要出版他手里的稿件，但首先要确定这出自何人之手，其次，由于作品没有完成，所以出版事宜只能延迟。根据稿件发现的地点，还有其独特的写作风格，迪诺认为这必然出自但丁之手。于是，迪诺决定找到但丁，把手稿寄给他，让但丁为这篇优美的著作做一个完整的结局。

经过一番调查之后，迪诺得知但丁现在与莫埃罗侯爵在一起。于是他将稿件寄给了侯爵，并希望他能劝说但丁继续完成他的作品。

至于迪诺为什么不直接给但丁写信，我们不得而知，我猜测或许这位诗人有一定的政治倾向，只是基于对作品的喜欢而做出了职业上的选择。

莫埃罗侯爵是一位很有鉴赏力的绅士，当他收到手稿后，也被深深吸引并给予了高度的评价，他将手稿带给但丁并询问这是否是他的作品。

但丁马上认出这些自己未来得及带走的稿件，他对莫埃罗侯爵说：当我被驱逐出佛罗伦萨时，无论是人格还是作品都遭到了人们的污蔑，很多诗歌都在那时遗失了，我以为我再也不可能见到它们了。在流放的生涯里，为了生存，我四处漂泊停止了创作，现在命运之神出乎意料地再次让它回到我手里，我感谢上帝的恩赐，也感谢您对我的帮助和对我作品的喜爱，我愿意尝试回忆当时创作的思路，去重新整理将它完成。

在这之后，但丁开始继续写作这部曾经不得不中断的作品，他在文中写道：我将继续之前的叙述……如今，你若是仔细阅读过这部著作，就会清楚地发现曾经中断的痕迹。

当但丁从莫埃罗侯爵那里拿到手稿后，开始继续创作这部巨著。我们很希望他能尽快完成，但由于很多原因，他不得不多次放下手中的笔。流亡生涯让但丁四处漂泊，写作的速度随之时断时续，因为政治和突发状况，有时候他会把作品放在一旁几个月，甚至几年。当然，这都是在迫不得已的情况下，虽然这很遗憾，但让人欣慰的是，在死亡来临之前，但丁终于将作品完成，并付诸出版了。

时至今日，每一位阅读过这部美妙诗文的人，都会被它所深深吸引，殊不知现在能够幸运地浏览到这部巨著，还要感谢幸运之神的眷顾。下面我就讲讲这个离奇的故事。

在但丁逝世时，这部著作的结尾，也就是第十三章节并未被人们所发现，但丁的孩子和所有关注这部巨作的人都倍感失望，他们在但丁的稿件内找寻了无数遍，希望能得到最后的章节，为作品画上一个完满的句号，但遗憾的是翻遍所有纸张也未能有所发现。

有人突然想起，但丁有一个习惯，他会在完成部分章节后，将稿件寄给一位他非常尊敬的人麦瑟·肯恩·德拉·斯考拉先生，在他看完后，但丁才会将稿件的抄本再送给其他人阅读，那么，第十三章会不会在麦瑟·肯恩·德拉·斯考拉先生那里呢？

当带着这个唯一的希望找到斯考拉先生时，得到的答案却是令人失望的，于是很多人都为此感到无限惋惜，他们埋怨上帝让但丁过早地带离人世，无法让他完成剩余的那一部分。不过还有人没有绝望，他们认为但丁一定完成了这篇作品，于是继续努力搜寻着。

没有放弃找寻的人里就包括但丁的两个儿子，雅各波和埃特罗，他们继承了但丁的优秀基因，也是那个时代有名的诗人。兄弟二人不希望父亲的作品留有遗憾，一直在努力地寻找着。对于这件事，雅各波更为热衷，他时常会猜测父亲将手稿留存的地方，然后去那里寻找，由于多次未果，人们总是嘲笑他的猜测是个愚笨的行为。

但是有一天，雅各波那愚笨的猜测成为了事情的转折点。

据一位长期追随但丁的崇拜者，来自拉文纳的绅士彼埃特罗·吉埃迪诺回忆说，在但丁去世后第八个月的某一天深夜，雅各波在天还未亮时便前来拜访。吉埃迪诺睡眼惺忪地打开门看到了激动不已的雅各波，还未来得及询问，雅各波便迫不及待地告诉了他到此的原因。

原来，这位经常进行愚笨猜测的人做了一个奇怪的梦，他梦见父亲但丁穿着一身白色的长服，面容四周闪耀着奇异的光芒来到他面前。雅各波恍惚地问父亲是否还在人世？但丁回答他说："哦，我的孩子，我依然还在这个世界，但不是你们眼前的这个世界，而是真理的世界。"

雅各波愣了一下继续问但丁："那么在您进入真理的世界前是否完成了那部作品？如果完成了，为什么最后的章节却怎么也找不到呢？它到底在哪里呢？"

但丁微笑着回答说："是的，我的孩子，我完成了整个

《神曲》，让我来告诉你它到底在哪里。"

　　说完拉起雅各波的手带他进入了一个幽暗的房间。雅各波认出这是父亲曾经居住的地方，这间屋子他曾经无数次地翻遍每个角落却终是一无所获，难道第十三章会在这里吗？带着疑问，雅各波望着父亲。但丁用手轻轻碰触了角落的某一个地方说："你要找寻的东西就在这里。"说完便离开了。

　　雅各波得到了父亲的指示，从梦中惊醒。他再也不能入眠，于是迫不及待地来找彼埃特罗·吉埃迪诺，告诉他整个梦境的经过。那个梦显得异常真实，似乎不是幻觉，也不是梦境，这让雅各波异常兴奋，他无法等到天亮，拉起吉埃迪诺一起前往梦中的小屋。

　　雅各波牢牢地铭记着父亲指示的那个方位，在那里有一张破旧的草席盖在墙壁之上，当他们怀着激动的心情小心翼翼地解开草席后，发现那里居然有一个以前从未发现过的小洞，小洞内就是他们日夜期盼的手稿，这就是寻找已久的第十三章节。

　　意外的收获，让两个人欣喜若狂，他们含着泪水紧紧地拥抱在一起。

　　由于潮湿的墙壁已经使手稿发霉变色，雅各波和吉埃迪诺连忙回到住处将手稿上的霉斑小心地清除掉，然后又重新抄写了一遍，接着按照但丁的习惯将稿件寄给了麦瑟·肯恩。

　　我们以为不会再有的结尾由于一个愚笨猜测的人的奇异梦境而失而复得，这是上帝对但丁的眷顾，对每一位欣赏但丁作品的人的眷顾，也是上帝对全人类的眷顾。在此，让我们感谢但丁，感谢上帝吧。

# 第十五章  俗语写作的《神曲》

很多读过《神曲》的人都被它那美丽的文辞所深深吸引，被它那婉转曲折的地狱到天堂的旅程所倾倒。这时，部分人会提出疑问，为什么但丁会选择用佛罗伦萨俗语去完成这部伟大的作品呢？

在约定俗成的情况下，每一位诗人都会用拉丁语去进行诗歌的创作，尤其是这种崇高的题材、引人深思的著作，在人们的潜意识和阅读常规中，更是将它自觉定义为必须是拉丁语才能完成的，为什么但丁反其道而行之呢？

我认为但丁之所以这么做有两个原因。第一，拉丁语属于一种贵族才能学习到和使用到的语种，尽管它有千百年来沉淀下的精华，但却属于晦涩难懂的语种，与普通民众的生活并不接壤。

但丁之所以用佛罗伦萨俗语完成《神曲》，是希望它不只是知识分子及小众阅读的专著，他希望这部作品能够被更多的人所知晓。

在这部著作中但丁想要向人们传达的道理是深刻、深远的，如果用拉丁语去讲述，他不能确定是否能被更多人所读懂，而用佛罗伦萨俗语去阐述这个故事，那么每一个意大利人，每一个佛罗伦萨人都能看得懂、都能够理解到其中的意义。

在书中，但丁表现出了高超的写作艺术，同时又展示出了佛罗伦萨俗语精妙的一面，他所讲述的故事与理论就算没有接受过高等教育的人也能体会得到，这就是但丁的快乐，也是他带给所有读者的快乐。

第二个驱使但丁用佛罗伦萨俗语写作的原因是，但丁发现文学著作的研究在现在的社会体系中变得越来越渺小，很多人仿佛已经忘却了诗歌的存在。最具讽刺意义的是，原本作为诗歌题献的对象，也就是那些贵族和王公们，他们也不再重视诗歌，似乎全然忘却了。

这种情况使得伟大的维吉尔及他的作品不再被世人所尊重，甚至遭到了群众的蔑视，这是多么悲哀的事情啊。因此，但丁选择用最简单易懂的方式去表达最崇高的意义，他希望唤起人们已经熄灭的激情，就如同他在诗中所表达的那样：

我站在最后一块净土上歌唱

在这繁华不断变化的世界里

公正之神在吞没灵魂的缺口处等待着

给予人类

属于他的那份奖励或惩罚

但丁希望用最简单的语言去叙述最复杂的事情，希望语言保持它最基本、最原始的作用，希望能够让那些在街边吃着面包皮就着奶瓶喝奶的人也能够懂得他所想表达的意义。所以他用全新的方式开创独树一帜的写作风格，用平民能理解的语言去创作诗歌。

但丁将《神曲》划分为三个部分，即《地狱》《炼狱》和《天堂》。有人认为，但丁之所以将这部巨著划分为三个部分，是因为要分别献给三位杰出的意大利人。

第一部《地狱》是献给了乌古茨尼·德拉·法吉乌拉，他后来因为成为比萨的领主，而在托斯卡地区大大有名。

第二部《炼狱》献给了莫埃罗·玛拉斯皮纳侯爵。

第三部《天堂》献给了西西里国王弗里德利希三世。

也有人认为其实但丁将整部《神曲》都献给了麦瑟·肯恩·德拉·斯考拉。不管哪一种说法更可信，都不再重要了，重要的是但丁将《神曲》献给了所有佛罗伦萨人，所有意大利人，所有世界上的人。

# 第十六章 《帝制论》与其他作品

但丁有一部作品名为《帝制论》，是在德皇亨利七世来佛罗伦萨时期，用拉丁文散文体撰写的。

但丁将全书分为三个部分，每一部分提出一个问题，然后把每一个问题用逻辑方式加以论证，确定其真实性。在第一部分，但丁论证了帝国是世界和平和幸福的保障，是必须存在的。第二部分，但丁以历史发展作为论据，论证了罗马拥有帝国称号的合法性。第三部分，但丁从神学论点出发，证明了皇帝的权力是上帝授予的，而非像僧侣所说的那样，是由教皇决定的。

在但丁逝世很多年后，《帝制论》遭到了伯吉托的红衣主教比尔特安多的谴责，他当时是教皇约翰二十二世时期伦巴底地区的地方总督。事情的起因还要从巴伐利亚的公爵路易斯说起，这位公爵被德意志选为罗马国王，但他没有按照当时的传统去拜会教皇约翰二十二世，而是直接去罗马举行加冕典礼。他在典礼上破除了教会的传统任命了很多红衣主教，还破天荒地任命了一位新教皇，建立了托钵修会。然后这位新继任的罗马国王路易斯，在罗马接受了自己任命的新教皇彼埃罗·德拉·克法瓦的加冕。

路易斯违反常规的做法引起了不小的轰动，同时也让他的权威遭到了争议和反对，于是他和他的追随者们拿出了但丁的《帝制论》，根据书中的论点来为自己的权力进行辩护，遗憾的是当时的社会传统未能让路易斯得偿所愿，失去权力的他最后他不得不返回德意志，在返回的途中他的追随者越来越少，尤其是僧侣的数目大批流失，最后只能无奈地解散了队伍。

而但丁的《帝制论》本来是一本少有人关注的著作，在此事的影响之下变得名噪一时。

出名本是一件好事，但因为路易斯拿出《帝制论》作为辩护根据，惹恼了红衣主教比尔特安多，他不仅将《帝制论》查禁而且公开将此书烧毁，并谴责但丁为异教徒。愤怒的比尔特安多还觉得不够解气，他企图烧毁但丁的尸骨来警示后人，幸运的是当他准备付诸行动时，彼诺·德拉·托萨和麦瑟·奥斯塔吉奥·德·波兰塔及时地站了出来，由于他们是当时颇具影响力的人物，就连红衣主教比尔特安多也有所忌惮，于是在他们的干预之下此事才得以平息。我们要感谢这两位大人物让但丁的遗体得以幸存，我想那位红衣主教也该感谢他们，倘若他当时真的将但丁的尸骨付之一炬的话，那么百年后的骂名必将让他声名狼藉。

除了《帝制论》，但丁还有两部文辞非常优美的田园诗，他将这两部诗献给了自己尊敬的大师乔万尼·德尔·维吉利奥，作为他某些作品的唱和部分。另外，但丁还用佛罗伦萨本地语以散文的形式撰写了一个注释，用来解说伟大的作品《神曲》。

据我所知，但丁本来想为所有的篇章都加以注释，但由于漂泊的流亡生涯所限，让他不得不改变了计划，现今，我们只发现了这三篇注释，但丁将它命名为《康维奥》。

在但丁去世前不久，曾写过一本《论俗语》的拉丁语散文体小书，从种种迹象上看，但丁是想要把这本书分为四个部分，或许是他在辞世前未能完成，也或许是因为其他原因造成了遗失，现在我们能看到的只有两个部分保存了下来，在这两部分的内容里但丁叙述了写诗的格式和方法，我相信这一定会让那些准备成为诗人的人受益匪浅。

提到拉丁散文体，但丁也有很多这种文体的信件留存了下来，我们能从一些信件中看出，除了在《新生》中曾出现的诗歌之外，但丁还精心撰写过很多以爱情和道德为主题的坎佐尼、十四行诗和叙事体歌谣，从此我们可以得知，伟大的但丁是多么的多才多艺。

《神曲》《新生》《帝制论》等我所简单介绍过或未曾介

绍的作品，都是伟大的但丁在多情的叹息、哀怨的泪水和公众事务，以及漂泊的流亡生涯之余挤出的时间里完成的。如果没有那些纷杂的俗世干扰，伟大的但丁会为我们呈现出多少璀璨的文明呢？

　　然而就在这短暂的时间内，但丁所谱写的作品，也足以媲美日月的光辉。

　　而那些拥有大批时间的人都在做些什么呢？大部分人每天都在谎言、诡计、争论、偷盗和背叛中度过，他们以一万种不同的方式达到一个共同的邪恶目的，无论过程多么丑陋、卑鄙，只要结果是变得富有，就会不惜一切地疯狂追求，仿佛这个世界除了金钱以外没有任何事情值得他们思考和珍惜。

　　如果你们认为金钱是快乐的源泉、光荣的桂冠，是通往天堂的唯一捷径，那么我只能一声叹息，因为你们正在通往地狱的道路上，且与天堂渐行渐远。

　　当灵魂从容易腐烂的身体中分离出来后，你会发现以往的种种行径是多么的可耻、可悲、可叹。时间会让所有事物化为尘埃，渺小的人类，当你在上帝面前忏悔时，天父会让你的记忆有短暂的保留，会让你重新审视过往的一切，当你为此感到羞耻时再将它统统抹去。

　　而我们伟大的但丁，他注定是天堂里最圣洁的天使。

　　战争的武器越使用就越锋利，正如但丁的名字一样，他的名字通过时间的验证越擦越亮，光辉万丈。

　　如果有来生，请仁慈的上帝给予他足够的时间、良好的环境、愉悦的心情吧，那样的话，世人将会沐浴在他神圣的作品之下，永久地微笑。

# 第十七章　让我们永远记得但丁

之前我简要地介绍了但丁的一生，从他姓氏的由来，诞生、恋爱、结婚、生活、创作到被流放的颠簸的一生。

我一直认为但丁是神赐予人类的礼物，但丁是伟大的，他传奇的人生里充满了悲苦，所创作的作品就像天上最闪亮的星斗般耀眼夺目，但有限的文字里无法详尽描述他无限精彩的一生。

我只希望能通过我对但丁的介绍，让更多人了解、认知他，让更多人去阅读他作品，并从中领悟到无穷的道理。我已经尽我之力去写好这本书，如果还有人能够用文字表达一个更为真实的但丁，我愿意向他学习，毕竟我们的目的是一样的。

那么现在，我将在最后的章节里回顾但丁母亲怀他时所做的那个神奇的梦，通过解析这个梦境来结束对伟大但丁的叙述，是我能想到的最好的结尾。

高贵的女士在怀孕期间的某一个夜晚，做了一个神奇的梦。她梦见自己躺在一棵高大无比的月桂树下，身旁流淌着清澈的泉水，在嫩绿色的草坪之上，她生下了一个男孩。

就像我前面所说的那样，当这个男孩诞生后吃下月桂树下掉落的浆果，并喝了泉水之后，突然之间就变成了一个高大的牧羊人，他仿佛很喜欢那棵让他瞬间变大的月桂树，久久地凝视着，然后便想尽办法去摘月桂树的叶子，当他已触手可及、马上就要触碰到月桂树叶时却从树上掉落了下来，就在跌倒的位置牧羊人神奇地消失了，取而代之的却是一只色彩斑斓的美丽孔雀。神奇的梦境让这个母亲惊醒过来，只是她再也没有看到那只孔雀。

神圣的上帝总是要在人间制造一些常人难以理解的现象，只有他是无所不知的，他能预见所有事的开始与结局。对于我们短浅的目光无法明了的东西，上帝愿意用他那仁慈的心去指引光明的方向。当某一个征兆或梦境出现时，我们无法明白这都预示着什么，只有万能的自然界主宰——上帝，能够帮我们参悟其中的奥秘。

如果我们细心观察那些预兆，或许能够从中窥得一些端倪。上帝通过梦境告诉但丁的母亲，伟大的但丁即将降临到人间，虽然对于这位母亲来讲，她只是生下了自己的孩子，但实际上，是上帝选择了她，选择她来显现一个预兆，她是先看到了上帝给予的征兆，然后才顺利生下但丁的。

那么上帝在梦中给予的启示又代表着些什么呢？那棵月桂树是什么含义呢？这就需要我们用眼睛细心地观察，用大脑全面地分析了。

对于上帝给予的这些预兆或者梦境，占星学家和很多自然哲学家都有着自己的认识，他们认为，人类在宇宙中是渺小的低等生物，在高等星体的能量影响之下得以诞生繁衍，并且受到这些高等星体的磁场滋养。

如果神圣的上帝准备将恩典照亮在某个人身上的时候，这个人没有反抗而是虔诚接受的情况下，那么他将受到上帝仁慈的指引。

因此，他们认为，在人类出生的那一个瞬间，可以通过观察高级星体的运行来确定预兆，意思即是当高级星体从地平线升到天空最高点，以那个角度下观察到的力量最强的星体来确定这个人是被哪个星体所控制。

也就是说，被这个星体所控制的人，就拥有了这个星体所代表的才能和智慧。对于但丁的母亲而言，月桂树只是她的一个梦境，只是但丁诞生时她所做的一个梦，但对于星体学来说，月桂树是太阳神的树，而它的叶子是作为桂冠为诗人加冕的物种，这就预示着但丁将拥有高尚的品德和诗歌的才能。

对于梦中的小孩吃下浆果这件事，据我了解，在星体学里也有解释，并与天体的位置一说也息息相关。

这些浆果代表的是诗篇作品和它所蕴含的教导意义，但丁吃下了这些浆果，他便受到了诗歌的滋养，确切地说，但丁是在懵懂时便受到了诗的教导和熏陶，他的一生也必将受益匪浅。对于梦中男孩喝下泉水一事，我认为，清澈的泉水即是代表着伦理学和自然哲学。

现在事情已经逐渐清晰了，但丁拥有的智慧就是可以将所有知识融会贯通，他能把所有的知识消化吸收成自己的营养，就像浆果和泉水代表的事物一般，浆果代表诗歌的才能，泉水则象征来自地球深处蕴含着丰富物质的伦理学和自然哲学，但丁用哲学论证来消化人类难以下咽的知识，哲学就像是清澈的泉水帮助但丁将所有难题溶解于水中，然后全部吸收。

对于在那位夫人梦中但丁突然变成牧羊人的情形，又说明了什么呢？

首先我要从牧羊人的分类说起。牧羊人分为两个类型，最普遍的一种就是直观的牧羊人，他们是牛羊的看护者，负责牛羊每天的放牧生活，掌管温饱。另一种我称之为灵魂牧羊人，他们是更深层次的牧羊者，像一个父亲掌管着家族的教育，他们负责养育孩子，教育他们的行为、规范指导他们的思想。

而但丁突然变成牧羊人，也就是说他属于第二种牧羊人，即灵魂牧羊者，这代表着他有与生俱来的优秀能力，也就是把养分提供给孩子的那个家族族长，他从灵魂深处挖掘养分提供给每一个需要的人，现在我们把这种人称为灵魂工程师。

而灵魂的牧羊人又被分为两类，第一种是宣扬上帝的理念，用上帝的话语来喂养世人的灵魂牧羊人，比如主教、神甫和传教士，以及政府部门里负责监管和制定法律的那些人，都属于这个范畴之内。另外一种就是从文字角度去划分的，这类人把文章中人们难以理解或者遗漏的部分进行解析，然后加工成养分再传授给众人，让世人从内心和大脑深处得到启迪和感悟，这类人一般被称为博士、诗人。

我们伟大的诗人但丁就属于这一类牧羊人。

为了说明但丁属于第二类灵魂牧羊人，我们来举一个例子加以验证。如果你曾认真读过《神曲》，那么你就会知道，《神曲》里蕴含着丰富的精神内涵，单从外在文字的优美程度上来讲它已经能让每一个读者如痴如醉，而里面所讲的故事更能发人深思，它不但指引着每一个彷徨、迷失的男人，还能教育那些懵懂的妇女和孩子。文章内所隐藏的知识和寓意是深刻而婉转的，当你焦虑不安时，如果翻开来阅读，一定会让你获得充分的精神能量和身心上的愉悦。

对于但丁奋力去摘取月桂树叶子这一点，只有一个解释。之前我们已经说过，桂冠是由月桂树的叶子做成，它象征着荣誉，是用来为伟大诗人加冕而存在的。当但丁吃下果实变成牧羊人后，他已经拥有了诗人的能力，但作为被世人承认的证明，他想要得到荣誉的光环，想要得到那顶最高象征的桂冠，想要月桂树叶子来为自己加冕。

而在但丁努力触碰月桂树叶子的过程中，从高空跌落，这即预示着一个结局，一个我们不希望看到的结局。但丁跌落代表着他直到逝世也未能如愿地得到桂冠加冕，对此我只能唏嘘、叹息，虽然但丁没有得偿所愿，但在世人心中，那顶桂冠早已在他头上闪耀着光芒了。

让我们继续解析。

但丁的母亲说，但丁突然从一个牧羊人变为了孔雀，这又代表和预示着什么呢？

我们不妨来先看看孔雀的特点。孔雀之所以引人注目有四个特征：第一，它拥有五彩斑斓的羽毛，世间任何一种动物都无以比拟它张开双翅后的美丽。第二，孔雀行走的姿势异常优雅，就像一个自信的天使般漫步在尘世。第三，孔雀的鸣叫声独特不凡，当然，这种叫声不是每一个人都能欣赏。第四，孔雀的肉质充满芳香且不易腐烂。

那么根据以上四点，我们可以用但丁的作品和为人来对号入座。但丁的作品就犹如孔雀的羽毛般亮丽耀眼，美丽得让人不愿移开视线。而但丁行走时的姿势不正如孔雀般优雅不凡吗？再来看但丁的理论，他提倡奖惩分明，有奖必赏，有恶必罚，这不也像孔雀的叫声一样吗？肯定不会让每一个人都听上去觉得赏心悦目。最后一点，但丁已经离开人世很久了，但人们可曾将他遗忘？没有，我们不能遗忘、也不敢遗忘，伟大的但丁百年后留给我们的依旧是宛如昨日的音容笑貌，这也与孔雀的最后一个特点牢牢契合。

美丽的天使张开双翼自由地在天空飞翔，它的羽毛一定属于凡人难以想象的美，其实我并不确信天使是否真的有羽毛，我只是知道天使会飞翔，那么以我浅薄的想象，他一定会有犹如孔雀般艳丽的羽毛。

但天使比孔雀更加高贵，就像但丁对于我们一样，他的作品就像天使的羽毛般卓尔不凡。没有人见过天使，也自然就没有人能够想象出天使羽毛的美丽程度，所以我只能将但丁的作品比喻为孔雀的羽毛，这样，你在闭上眼睛时就能勾勒出直观的形象。

但丁在《神曲》中讲述的故事无与伦比的精彩，他向我们描绘目击灵魂坠入地狱的景象，亡魂在地狱里遭到应有的惩罚，在海中突兀般升起的高山似的炼狱中痛苦的挣扎，这都是罪恶应得的惩罚，而那些在人间有着善举的人们则在受到上帝祝福后微笑着走进天堂，他们偶尔回首的一望诉说着善良该得的奖赏。

这是一个如诗如歌、惊天泣地的故事，但丁将它分为了一百个章节，就像孔雀羽毛上上百个类似眼睛的羽林，当你阅读《神曲》时是否被它的美丽所折服？当你看到孔雀美丽的羽毛时是否也联想到了《神曲》呢？

孔雀舒缓、优雅的行走，步伐是那样的轻盈，犹如天使舞蹈时所踩踏的节奏让人如痴如醉。身体依靠双腿来支撑，以协调平稳，作品以文字来呈现，用以表达感情。《神曲》以佛罗伦萨俗语作为书写格式，不也有着异曲同工般的精妙吗？

在那个用拉丁语创作的时代，但丁用自己独特得脚步行走于诗坛，或许有人会觉得异常丑陋，但其精湛的技艺让每一个文字散发出异常强大的能量，让《神曲》发出耀眼的光芒，照亮了文学史上一条漆黑的路途，这将开启一个前人从未行走过的航线，指引后来者启程远航。

孔雀的外表让人觉得赏心悦目，但它的叫声独特得让人有些难以接受，甚至令很多人感到厌恶。就像但丁的《神曲》一般，当你看第一眼时觉得文字犹如泉水般甘甜，但当你仔细品尝其中所蕴含和要表达的意义时会觉得不寒而栗，有种想要逃脱的欲望。

但事实如此，但丁的呐喊是揭示丑陋的罪恶，他让犯罪者感到恐惧，感到无望，感到沮丧，那些做着罪恶事情的人受到正确的判罚，而被判入地狱接受惩罚，不正是理所当然的吗？但丁用他那可怕的嗓音讲述着真相，善恶终有报，罪恶者进入地狱，善良者步入天堂，没有什么比这更加真实，至于你是恐惧还是欣喜，这要看你的内心深处是如何聆听和转动的了。

但丁生时是一位灵魂的牧羊人，死后变成孔雀，上帝已经在他亲爱的母亲梦中有所预示，现在一切都已经明了。

我将伟大但丁母亲的梦境做了一个非常浅薄的解释，我要承认我不具备解析梦境的能力，但我愿意为但丁做自己的尝试，我愿意尽我之所能来为但丁做任何事。

但丁是伟大的，人们该铭记于心。世人该为但丁做出的贡献脱帽致意，意大利人该为拥有但丁倍感骄傲，而佛罗伦萨人，你们是否会在其他城市的人歌颂但丁时感到惭愧呢？

你们驱逐了但丁，你们放弃了但丁，现在你们不该再遗忘但丁，知错能改，善莫大焉，如果你们悔恨的泪水已经干涸、迷醉的眼神已经清醒、坚硬的心灵已经软化、愚蠢的行为已经改观，那么请为但丁做点什么吧。

但丁是佛罗伦萨的、但丁是意大利的、但丁是全世界的。仁慈的上帝，感谢你将但丁降临于人世，让我们能从他的作品中终生受益，可恶的上帝，你不该过早地带走但丁，让我们还未来得及为他戴上桂冠时便匆匆离去。

我还能说些什么做些什么呢？我已经尽力了，那么当你看完后，你会说些什么，做些什么呢？

我亲爱的朋友，请你们来为伟大的但丁戴上那象征荣誉的桂冠吧，感谢你们。

# 但丁传

【意】 布鲁尼 （Leonardo Bruni）　著

但丁的祖先隶属于佛罗伦萨最古老的一个家族，是佛罗伦萨创建者古罗马人中的一员，这一点，在但丁的作品中似乎曾经有过模糊的暗示，不过，我认为这个说法只是人们的一种猜测，其可靠性值得推敲。

　　据我所得到的资料显示，但丁的高祖叫作麦瑟·卡恰圭迪，是神圣的罗马皇帝康拉德三世麾下的一名佛罗伦萨骑士。那么麦瑟·卡恰圭迪又是怎么变成阿利吉耶里的呢？

　　这是因为他的一个儿子名叫阿利吉耶里，而这个名字是继承了其母亲家族的姓氏而来。麦瑟·卡恰圭迪还有两个兄弟，一个叫莫安罗，一个叫伊拉奥。考察莫安罗的后代已经没有史料可查，是伊利奥家族繁衍出了伊拉斯家族，这个家族直到今天还一直延续用伊拉奥作为姓氏。

　　麦瑟·卡恰圭迪和他的兄弟们像祖先一样，世代居住在波塔·桑·皮尔奥的郊区，他们所居住的房子保留了祖先的称号，都以伊拉斯来命名。麦瑟·卡恰圭迪的儿子，也就是阿利吉耶里那一支，住在桑·马丁诺·德尔·阿斯科沃后面的一个广场里，对面的邻居叫萨奇提，在房子的另一边则住着多拿提和吉乌奇这两家人。

那么现在回到正题，说说我们的主人公但丁。他于耶稣第1265年出生，那一年也正是在莫塔皮提战败，而遭到流放的归尔甫党再次回到佛罗伦萨的时间。

少年时代的但丁师从著名的学者，接受了基础的文化教育，他显示出了异于常人的学习能力，每一门学科都非常优秀，就好像与生俱来便有着非凡的才能一般。不幸的是，在这个时期但丁的父亲因病去世了，在亲戚和著名学者布鲁奈托·拉蒂尼的鼓励下，但丁化悲痛为力量，全身心地投入到了知识的海洋之中。他不但学习文学，还在艺术和科学方面勤奋努力，久而久之他所积蓄的知识和才能已经远远地超越了同龄人，具备了成为杰出人物所需要的全部素养。

但丁并未因为学习而闭门不出、与世隔绝，他喜欢和同龄人交谈，从所有人身上找寻优点并吸取养分。

但丁是一个温文尔雅、彬彬有礼、活泼且充满勇气的人，他时常参加年轻人的体能及战斗训练，随时准备为国效力。

在堪帕尔迪诺那场伟大而又令人难忘的战争中，但丁冒着极大的危险冲锋在最前线，勇敢地与敌人厮杀，虽然他只是一个年轻人却因为具有非凡的勇气而备受尊重。由于遭到阿雷佐骑兵队的猛烈攻击，佛罗伦萨的骑兵节节败退、纷纷后撤。他们不得不退守，并且寻求步兵的支援，因而紧急加入到了步兵队列之中，也正是这样的一个前期败退，却使得战争局势突然扭转。阿雷佐的骑兵队因为急于追赶溃逃的佛罗伦萨骑兵，而与步兵拉开了距离，他们以为自己稳操胜券紧追不舍，没想到佛罗伦萨的骑兵与步兵及时合并，反过来给了他们一个迎头痛击。等到骑兵想要和自己的步兵会合时，却因为在人数上的劣势而再也难以抵挡。由于疏忽大意和战略战术的失当，阿雷佐输掉了这场战争。

在但丁的一封私人信件里，他描绘了这次战役的全部过程，并且还绘制了一张战斗平面图。为了更好地说明情况，我们必须要先介绍一下背景，以让大家更清晰地了解战局。首先，我们必须知道双方部队的结构，阿雷佐方面是由乌波提、兰博提、阿巴提和其他一些被佛罗伦萨流放的人们所组成的。而佛罗伦萨方面则是由阿雷佐的流放者和被驱逐的归尔甫党贵族与佛罗伦萨平民组成。正是基于这个原因，官方在这场战役的说明文件里称："在赛托莫多的战争中被击败的是吉拜尔党，而不是阿雷佐。"如此一来，在后来阿雷佐与他人共享胜利的时候，他们也没有什么可抱怨的了。

　　那么现在我们再回到主题，我很确信地说，但丁在这场捍卫自己国家的战争里表现得异常英勇，但这些在薄伽丘的文章里并没有提及，他在第三章里介绍了但丁的爱情与爱好，丝毫没有说起但丁在战场上所体现出的男子汉的勇敢，我想这与他的观察侧重点有关吧，毕竟他就是这样一个风格的作家，所以也就如同他自己说的：舌头总会伸向牙齿疼痛的地方，一个喜欢喝酒的人，他所讲的话总会和酒有着直接或间接的关系。

　　从战场回归后的但丁仿佛更加意识到和平的可贵，他比以往更加狂热地投入到学习之中，但这却没有丝毫影响到他的政治发展和人际交往，更为不可思议的是，他夜以继日地疯狂学习，然而在生活中却谈吐自如、轻松诙谐，以至让人感觉不到他的忙碌状态。基于这点，我想纠正某些无知且浅薄的人的观点，他们以为，只有那些将自己整日锁在黑暗的小屋之内，埋头忙碌于书本之中的人，才能称得上为学者。我可以肯定地告诉你，这是完全错误的，我从没有见过一个将自己牢牢紧裹起来的隐士会认识三个字母。真正伟大崇高的人会让自己更加贴近社会、更加亲近人群，他们有着快速学习的能力，不需要接受禁锢的折磨，只有那些脑筋愚笨的人才会让自己足不出户，而这些人永远也无法掌握真正的知识，他们并不适合学者的道路。

　　但丁不仅常常活跃在男性所主导的社会交往中，也在很年轻时便组建了自己的家庭。他迎娶了一位来自多拿提家族的美丽小姐，名叫麦当娜·杰玛，而且很快就有了爱情的果实。

对于但丁的婚姻，薄伽丘有着偏激的看法，他认为妻子是学习的障碍，是丈夫痛苦的来源，但我想他说这话的时候，似乎忘记了伟大的哲学家苏格拉底也有妻子及孩子，这并未影响他的正常社会地位和工作。还有智慧超群的亚里士多德，他曾经有过两次婚姻，还有很多孩子和财产，谁又能说他是愚蠢的呢？再如西塞罗、瓦罗和赛尼卡，以及诸多的拉丁哲学大师们，他们都有妻子，并在共和国的政府里担任要职，怎么能说婚姻和妻子是通往成功的障碍呢？

所以，我认为薄伽丘在这个问题上有着自己固执的偏见，请原谅我直接、坦白的说法，因为他在这件事情上的判断是错误的，是没有理论依据的，是经不起推敲的。

曾有很多哲学家说过：男人，是一种社会动物；女人，则是情感动物，而婚姻让丈夫和妻子结合，组成了人类第一个联盟，这个联盟则如雪球般源源不断地滚动、壮大，这才形成了最早的城市，城市逐渐发展才有了国家。没有婚姻的地方是不存在完美的，只有爱才是最自然、合理、合法和正当的。

婚后的但丁更加成熟、稳重，并将大部分时间用在了为共和国的服务之中，随着年龄的增长和阅历的增加，但丁的威望也呈几何形扩展开来，直到有一天他成为佛罗伦萨的执政官之一。那时的执政官并非像现在一样依靠抽签决定，而是通过投票选举的方式产生。当时与但丁一起执政的几位分别是麦瑟·柏米尔里·德利·阿托维提、尼利德·麦瑟、耶克波·德利·阿尔博提和几位我不记得名字的人。

但丁初期的政治生涯比较顺利，但在 1300 年，黑暗开始聚集在他的四周，正是从那一年开始，所有的不幸和悲苦都降临在了他的身上。

但丁曾在一封信件里有过如下描述："我所有的麻烦和困难，都是由我在任期间的那些灾难性会议引起的。或许我的智慧不足以担起这个职位，但我对国家的忠诚和热爱的心，却与之相称。在堪帕尔迪诺战斗中，我参加了骑兵队，从没有战斗经验的我感到了莫大的恐惧，但我没有退缩，我愿意为国家和人民战斗到最后一刻，即使让我捐献出生命也在所不惜。幸运的是，我们是最后的胜利者，我从战争中取得了胜利，收获了喜悦，如今已经十年过去了，当时的吉拜尔党已经完全失败和隐退，这是我们的最大胜利。"

以上是但丁自己的述说，我们能从中看出他对国家和人民的热爱，但是这样的人却遭到了国家的流放和驱逐。所以，在此，我要详细说明但丁被流放的原因。至于这个原因，薄伽丘在他的著作中只是简要的提及，我想，或许他对于这件事情不甚了解才忽略而过吧，不过我对于这件事所掌握的资料比较详尽，那么就由我来告诉大家这件事的始末吧。

在以前，佛罗伦萨是由归尔甫党和吉拜尔党轮流执政，因为党派政见以及野心和利益的原因，这两个党派经常发生摩擦，导致佛罗伦萨处于分裂的边缘。经过长期的斗争，后来归尔甫党取得了整个城市的控制权，并建立了一个时期内相对稳定的政权。但是好景不长，在一段时间后，归尔甫党内部分裂，产生了白党和黑党。而这次分裂主要是在皮斯托亚人中，特别是肯瑟利尔里家族。佛罗伦萨人为了避免政局失控，将两个党派的主要领导人召集到佛罗伦萨进行商谈，以防止事态进一步扩大。

经过研究，归尔甫党内决定撤除皮斯托亚人在党内的领袖位置，但此举却给佛罗伦萨造成了意想不到的麻烦，让分裂的浪潮演变成了骚乱和暴动。虽然会议决定了议程，但参与会议的部分领导人的亲戚和朋友，从皮斯托亚人那里得到了好处，他们发出了不和谐的声音，整个城市引起的反响逐渐扩大，甚至比在皮斯托亚人家乡引起的震动还要强烈。事件像一颗罪恶的种子，迅速地在整个城市蔓延开来，每一个人仿佛都是事件的局内人，无论贵族还是平民都将这件公众事件作为自己利益划分的对象参与其中。甚至在家庭内部也存在着不同的立场，无论是名门望族还是搬运工或女仆全都投入到了政党的分裂事件当中。

政党的分裂事件甚至延伸到了流着同样血液的兄弟之

间，一个站在这边，另一个则投向那边。纷乱的局势一直延续了几个月，最初以文字的方式四处散播，后来演变成了卑劣、恶毒的行动。参与的民众也从年轻人进而发展到成年人，整个城市都陷入混乱和焦虑之中。在但丁还是执政官的时候，黑党在圣三一教堂举行了一个秘密会议，虽然全程都采取了严密的措施进行保护，但还是有消息从那里传出。这次会议的焦点是商讨罗马教皇卜尼法斯八世的建议，会议最后的结果是：选举出一个秘密联络人，与教皇取得联系，让教皇派遣法国王室的瓦诺亚伯爵查理斯赴佛罗伦萨来进行调停和改革。

另一个党派白党，迅速打探到了风声，马上对此事做出反应。白党抗议黑党的这次会议是将公众事务进行私下商讨，这样的行径无疑是想将他们排除在外，企图将他们驱逐出佛罗伦萨。白党强烈要求执政官们处罚这次放肆的违法行为，并召集自己的支持者拿起武器，甚至把军队开到了执政官的办事处进行威胁。

听闻白党包围执政官办事处的消息后，黑党也拿起了武器，进行武装和自卫防护，同时向执政官投诉他们的党敌在没有得到公众同意的情况下私自武装，这样的行为无疑是想驱逐自己，并要求执政官以扰乱社会秩序的罪名惩罚白党。

由于双方政党都拥有人数众多的武装人员和支持者，猜疑与恐怖笼罩着整个城市，冲突就像一个火药桶般随时有可能被点燃。但丁发现此种情况很可能会发生流血事件，于是他建议采取防御措施以避免双方激斗。首先，但丁让民众保持冷静，尽量不要参与到双方的事件当中，其次做好自身防护以免受到牵连。在确定群众获得安全后，他将两党发起争端的肇事者流放到边境。其中被流放的黑党人员有：麦瑟·克索·多拿提、麦瑟·哥利·斯皮尼、麦瑟·吉亚奇诺托·德·玻帕兹、麦瑟·罗梭·德拉·托萨和其他人，被送到位于佩鲁贾的卡瑟特罗·德拉·皮尔凡。被流放的白党人员包括：麦瑟·占提勒、麦瑟·托日吉安诺·德·赛奇、圭多·卡瓦肯提、巴奇尔拉·德拉·托萨、巴尔蒂纳赛奥·阿蒂玛里、纳尔多·德·麦瑟·罗提诺·哥尔亚蒂尼和其他一些人，他们被禁闭在瑟瓦桑那的边界。

　　但丁出于安全考虑而做出的决定给他带来了巨大而深远的麻烦，虽然事后他曾辩解说，自己不属于任何一个党派，也并未在事件的处理中有所偏颇，但因为其不赞成黑党在圣三一教堂提出的召唤瓦诺亚伯爵查理斯来佛罗伦萨的计划，而被人们认为他倾向于白党。其实众人这种看法的最直接原因是，被流放到瑟瓦桑那的白党人员在未被允许的情况之下回到了佛罗伦萨，而被送到卡瑟特罗·德拉·皮尔凡的人仍然留在外地。对于这个指责但丁解释说，白党之所以突然回到佛罗伦萨，是因为圭多·卡瓦肯提不适应那里的天气导致生病，最后客死他乡，为了运回他的遗骸才回来的，而且那个期间他也不再是佛罗伦萨的执政官，对此不应该负有任何责任。

　　鉴于佛罗伦萨的混乱政局，需要有一位重量级人士到场才能解决。于是教皇派遣查理斯出面调停，而众人出于对教皇和法国王室的尊敬，很快便接受和认可了查理斯的公正身份。查理斯到达佛罗伦萨了解情况后，立即做出了自己的决断。他先是召回了被放逐在边界的黑党公民，然后将所有白党成员全部流放。其实在整个事件当中还有一段插曲，据麦瑟·彼埃罗·范安提男爵透露，白党的三位主要领导人——尼利德·麦瑟·耶克波·德利·阿尔博提、巴奇尔拉·德拉·托萨和巴尔蒂纳赛奥·阿蒂玛里，曾经请求过他劝说查理斯，希望能够让他们继续留在佛罗伦萨执政，而作为回报，是让他成为普拉托的州长。但遗憾的是查理斯拒绝了他们，不但将所有白党人员全部流放，并在公开场合向大众表达了他对于此事的愤怒。但据我看来，这个范安提男爵透露的插曲是一个阴谋，虽然这封白党的请求书被封缄留存在档案室内作为证据，但在我看过这封信件的所谓原件后，我认为他是伪造的，这完全是党派争斗过程中的一个栽赃陷害。

　　这个事件发生的时候，但丁作为大使被派遣出使罗马，奉命去拜见教皇，向他表达市民期盼和平的愿望。然而就算但丁已远离佛罗伦萨，黑党人士依然没有放过他，他们认为是但丁在执政期时将自己流放，必须要以行动来进行报复。在黑党愤怒的火焰燃烧之下，但丁的住所遭到了攻击，

　　财产被抢掠一空。然后但丁和麦瑟·柏米尔里·德利·阿托维提一起被驱逐出了佛罗伦萨。其实但丁被流放并非是他做错了什么，只是因为他藐视了教皇的权威而已。

　　判处但丁流放的过程让人看上去更为荒谬。他们制定了一部有利于自身的公正法律，宣布佛罗伦萨的波德斯塔有权力和责任追究执政官在任期间的违法行为。在这条法律颁布之后，波德斯塔·麦瑟·肯特·德·格庇里尔利传唤但丁出庭，虽然但丁并不在城内，无法出席审判，但他们还是自导自演地将但丁判以流放之刑，并同时没收他的全部财产。多么可笑的判罚啊，他们判处了一个无罪之人，还煞有介事地对着空气进行严厉谴责，之后又对已经被抢掠一空的人做出没收全部财产的行为。

　　以上是但丁被驱逐、流放的原因和过程，那么现在我来讲一下他的流放生活。在但丁以大使身份出使罗马时，听闻了自己被流放的消息，他马上离开了罗马赶往锡耶纳。在那里有众多的被流放者，但丁从他们那里得知了更多的消息，他意识到已经没有了上诉的可能，自己的命运已经和其他流放者牢牢地系在了一起。虽然不能以上诉的方式重回佛罗伦萨，但所有人都在尝试以其他方式正式回归。他们在哥安瑟召开了会议，在会议中商讨和制订了一系列方案。首先将总部定在阿雷佐，并在那里建立一个大型营地，然后任命阿勒桑多·达·罗马纳伯爵为众人的首领，并下设十二名委员，但丁便是其中之一。1304 年之前，他们一直满怀希望地驻守在那里，憧憬着重回佛罗伦萨的那一天。为了这个信念他们不断在阿雷佐召开同盟会议，并吸纳了来自博洛尼亚和皮斯托亚的盟友。在这些盟友和群众的努力之下出乎意料地攻到了佛罗伦萨城，迅速突破了一道城门，并占领了城市的一部分，但遗憾的是计划并不周密，最后在未得到任何实质性好处后被迫撤退了。

在这次进攻佛罗伦萨未果之后，但丁发现阿雷佐联盟并不能让他回归，继续留在这里只能浪费更多的时间，于是他选择离开阿雷佐，来到了维罗纳。在维罗纳，但丁受到了封建主德拉·斯卡拉殷勤的接待，逗留了一段时间。但丁希望维罗纳政府能自愿帮助他返回佛罗伦萨，于是他不断进行着尝试和努力，以谦逊的态度和良好的举止对待所有人，以谋求每一份可能的帮助。他曾经写信给一些有话语权的重要人物，在信中他的态度保持着低调的谦卑："作为一个平民的我，还有什么能够对您诉说的呢？"

在第一次武力尝试回归失败后，但丁曾幻想以宽恕的方式重回佛罗伦萨，就在他进行尝试之时，来自卢森堡的亨利当选了德国皇帝。亨利的当选让整个意大利充满了希望，所有人都相信他能带来巨大的改变。但丁仿佛也看到了回归的曙光，他放弃了等待宽恕的计划，骄傲的情绪再次被唤醒。但丁开始大肆抨击佛罗伦萨的现任统治者，声称他们是卑劣的懦夫和无耻的罪犯，并扬言说，这些人必将受到亨利皇帝的惩罚，他们的罪行不可宽恕、无法逃脱。

在很多人的进言之下，德皇亨利进军意大利，但丁也加入到了队伍之中。但出于对家乡的热爱，在进攻佛罗伦萨城时，但丁并未参与，虽然他曾在信中恳求皇帝的到来。由于遭到了意大利顽强的抵抗，亨利的进攻屡屡受阻，第二年的夏天，德皇在波恩可凡托逝世，但丁回归的希望再一次成为泡影。由于之前在多次公开场合的演讲和信件中，但丁大肆攻击佛罗伦萨政府，获得宽恕的可能也被他亲手摧毁，只能再次辗转于各个地方。在极度贫寒之中，但丁流亡于伦巴第、托斯卡纳和罗马涅区等地，虽然受到了不同封建主的接纳，但丁却也在等待中耗尽了剩余的生命。在命运即将终结的时候，但丁来到了最后一个流亡城市拉文纳，并在那里定居下来，直至辞世。

以上就是但丁的流亡生涯，这也是他人生的坎坷和命运的桎梏。在知晓这些之后，我再来说一下但丁的家庭生活、日常习惯和学习方面的事情来让大家更多的了解他。在家庭方面，但丁有一个兄弟叫法兰茨克·阿利吉耶里，他很年轻时便已经结婚，并且有了数个孩子，其后代一直延续到现在，之后我会为大家介绍他们。在但丁被驱逐出佛罗伦萨之前，他算是一个中产阶级，虽然不是非常富有，但也绝不穷困。他所继承的一笔不大不小的财产，足以保证他过上舒适的生活。他在佛罗伦萨城拥有一所很不错的房子，住在隔壁的是他的亲戚吉里·德·麦瑟·波奥。另外在卡莫尔瓦塔、皮亚森提那和利柏里平原等多处地方，但丁也有几处房产，据但丁自己说，他还有不少名贵的家具。

在圣十字教堂里，靠近中心位置的地方，有一幅但丁的肖像画，当你步入主祭坛的时候，只要看向左边，立即能发现它，这是当时一位最优秀的画家所画，它细致入微地刻画出了伟人但丁的样子，那么他长什么样呢？

但丁个子中等，是个相貌非常儒雅的绅士，表情总是看上去很严肃，但却并不刻板。但丁平时很少说话，且语速缓慢，但如果你是在和他进行辩论，那么他的回答会极其睿智，思维逻辑也非常缜密。但丁喜欢音乐和唱歌，而且还有很高的绘画技能，写字的技巧也非常高超，他能写出修长、完美、工整的字体，这一点在他的信件中可以体现。在但丁年轻时，有过几个恋人，他对待爱情像诸多少女一样充满了幻想，这种感情是纯真无邪的，是发自内心的，但丁曾为自己那时的感情写下了不少情诗，这些诗篇都收录在他的一本名为《新生》的短篇作品集里。

但丁修习过很多门学科，不过他最主要学习的是诗学，这里所说的诗学并不是那种晦涩、乏味、甚至带有荒诞幻想的诗，而是内容丰富、浓缩了大量精神内涵，且建立在真实知识和多方训练上的诗学。

为了更直观的表达，我可以告诉大家，如果想要成为诗人有两个途径。第一种是通过上帝给予的天赋，当你体内所蕴含的天赋被隐藏的力量所激发和唤醒，那么我们就称之为灵魂的癫狂和财富。如果你没明白，我可以举个例子加以说明。

受到上帝祝福的圣法兰西斯，他的成就并不是通过知识的累积或者学术训练得来的，而是凭借产生于大脑内的意念和抽象的思维，将他的灵魂深刻投入地去感知上帝，这种能力往往超越了人类的感知能力，变得异常崇高和美丽，这让圣法兰西斯比那些通过学习和长时间阅读文学作品去理解上帝的神学家知识更为渊博。

在诗学方面也是如此，一个人可以通过内在激情和运用头脑成为诗人，这也是最高级、最完美的写诗方法。有些人说诗人是具有神性的，并称他们为圣人，有些人说他们是先知，而他们之所以这么认为，其原因就是我所说的，他们是处于抽象和癫狂的状态之中。

这种类型的诗人有很多，像俄耳甫斯和赫西奥德。据说俄耳甫斯有一种独特的能力，他的琴声可以打动石头和树木。而赫西奥德虽然举止看上去粗鲁、野蛮，像一个未经教化的牧羊人，但他仅仅通过饮用诗之泉的泉水，便能成为一位杰出的诗人，时至今日，很多人都阅读过他的诗篇，那别具一格的风格，至今还没有哪位作家或者博学的诗人能够超越他。

那么现在，你能够明白，在诗学范畴内分为两个派别。一种是通过灵魂深处的感应而成为诗人的，另一种则是通过知识、学习、训练、艺术和头脑的思维进行诗歌创作的。

我们的伟大诗人但丁就属于第二种诗人。他通过学习哲学、神学、天文学、算学、几何学、历史等多方面，不同种类的书本进行思考，这些多学科、不同领域的知识让他具备在诗里刻画、描绘的能力。

之前我们曾说过诗的本质，现在我们来谈论一下诗的名称，并通过诗的名称来理解它的内容。对于诗歌所蕴含的特质很难用语言来表述清楚，尽管如此，我还是希望尽力解释来让大家清楚。现在的很多诗人对这个问题也不甚清楚，我对此并不奇怪，这是因为，现代诗人对希腊语的一无所知。

诗人（poets）这个词最早的起源是一个希腊词语，意思即是制造者。当然，如果只解释到这里，没人会明白我的意思，因此，我需要更加深入地加以阐述。我们回顾一下书本和诗歌，很多人只是作为一个读者，并没有参与到创作之中，这是绝大多数人的现状。另外一些人则是这些作品的制造者，比如，维吉尔，他创作了《埃涅阿斯纪》，还有斯塔提乌斯的《底比斯战纪》、奥维德的《变形记》、荷马的《伊利亚特》和《奥德赛》，这些创作作品的人被称为诗人，他们才是制造者，是我们所阅读到的作品的制造者。当我们听闻一个人因为自身的学识受到公众的赞扬时，自然而然地就会发问："他创作了哪些作品呢？在他死后，会留下哪些作品呢？"

诗人，是诗歌作品的制造者。或许有些人会说，如果根据这个说法，那么制作书籍的商人也可以称之为诗人，李维和萨卢斯特也是诗人。因为他们每一个人都写书，而且人们也都在阅读他们的作品。

对于这个观点，我的答案是，不能说一个人是在制造诗就是算诗人，除非那个人是用诗歌所特有诗体完成作品，才能这么称呼。我们经常用俗语说一个人："这个人创作歌曲和十四行诗。"但如果他只是用这个格式写信给自己的一位朋友，那么我们不能说他创作了一部作品。诗人的意义在于，他在诗篇中用一种绝妙的风格表现了一种事物或人的美好，内容含蓄优美，并以高度的想象力融合其中，对文字加以修饰抒写而成。这就像是任何一位政府官员都可以对民众发号施令，但是只有皇帝才是至高无上的领袖，所以，在所有创作诗歌的人中，只有那位最为优秀的人，才能称之为诗人。

这就是诗人的名字和他的责任所包含的真正意义，而不是以是否以俗语写作或者具备了某一种文学风格而判断的。就像希腊语作品和拉丁语作品，它们并没有什么区别，只是作者选用哪种语言来表达思想而已。这两种语言都有各自的长处，都有自己的音乐，都有自身精练优美的地方。

如果你很疑惑地问我，为什么但丁会选择用俗语来进行写作，而不是用拉丁语或者其他语言呢？我可以告诉你，真正的答案是：但丁很清楚地知道，对于拉丁语、希腊语或者其他传统的文学风格而言，他自己更加擅长用比较小众的俗语写作。但丁能够用俗语轻快地描绘出很多丰富的内容，而如果用拉丁语，他则无法表达出想要展示的东西，因为他并不具备成熟地运用拉丁语和英雄史诗的知识和能力。

或许我这么说，会引来很多但丁崇拜者的声讨，但对于这个观点，我是有迹可循的。证据就是但丁的田园诗，这是以六韵步诗行写成的作品。虽然这部诗集的文辞已经很优美，但我曾经看到过不少人创作的拉丁诗可以超越但丁的作品，所以我认为真相就是，但丁的长处在于用俗语写作，在这方面他是无人能及的，如果一定要他用拉丁诗和散文写作，他则仅仅能达到一般的水平。

那么这位饱读诗书的但丁也无法熟练地运用拉丁语写作，其原因又是什么呢？这是因为在那个时期押韵体的时代已经成为过去，散文体正在成为时代的宠儿大行其道。那个时代的人们渐渐忘却和遗失了古老的文明，他们大多数人粗鲁无知、缺乏教养，已经没有多少人真正掌握文学的技巧，只有修道士和经院哲学家们向他们传授知识。

虽然如此，但丁用俗语写作的时代，也已经超越了自己所处时代的一百五十年。第一批用意大利俗语的人包括博洛尼亚的圭多·圭尼瑟里、"快乐的骑士"圭东尼·德·阿雷佐、伯纳吉乌塔·达·路卡和圭多·达·麦斯纳。而但丁相对于这些人而言，他所掌握的知识与优雅的风格更胜一筹。很多优秀的评论家认为，在运用押韵体写作的人中，没有任何一个能够超越但丁的成就。他所具有的卓越特质，让每一个读者为之着迷，尤其是那些拥有优秀理解能力的读者，更是深深地为他的才华所折服。

但丁具有无与伦比的创造力，他是一个伟大的天才，只有这样的天才能够对世界、天堂和星球，以及人类，人生的奖赏惩罚，快乐和悲哀及两者之间的灰色地带进行如此深入的刻画。我想，再也没有任何一个人能够承担起更大、更为丰富的题材，但丁的作品通过对事物原因、不同国家、在命运道路上的不同选择的描绘，把世间一切的因果循环描绘得如同亲临，这是一部多么伟大的著作啊。

在但丁被驱逐出佛罗伦萨前，已经开始写作这部最为伟大的作品，之后在其多年流亡的生涯中艰苦地完成了整部著作，这在著作之中可以清晰地看出。但丁还写过一些讨论道德问题的坎佐尼和十四行诗。这部坎佐尼完美、精练、优雅并且充满了热情。所有的作品都具有一个高贵的开头，如下这样：

噢！那从天堂而来的爱情啊，

就像太阳一样，那力量可以照耀万物

在这里，但丁微妙地将太阳和爱情的力量进行哲学比喻。另一个开头是这样的：

有三位女士深深埋在我心里，与我缠绕在一起

还有一个是这样的：

这些女士让我察觉到了爱情的存在

在但丁的很多部坎佐尼里，他显露出敏感、博学和优雅的气质，但在他的十四行诗里，却没有表现出同样的力量。但丁绝大多数作品是用俗语完成的，也有少数的拉丁语散文和诗，比如《帝制论》和《论俗语》都是以朴实无华的风格书写而成。另外还有一些信件和田园诗，是使用拉丁语撰写的。但丁还用六音步诗行为《神曲》撰写了引言，不过我认为他并没有掌握好这种风格，比起俗语还是有很大的差距。

但丁于 1321 年在拉文纳逝世。他的子女中有一个叫彼埃罗的男孩继承了他优秀的基因，他在法律这门学科中显示出了出众的能力，以其自身的努力和父亲的影响力，拥有了极大的名声和财富，在拉文纳地区也拥有较高的社会地位。

这位麦瑟·彼埃罗有一个儿子名叫但丁，他儿子的孩子还有一个儿子叫里昂纳多，这位里昂纳多至今依然在世，还有几个孩子。不久之前他和几位拉文纳的年轻人一起来到佛罗伦萨以朋友的身份拜访了我。我带他来到了但丁和

其祖先曾经居住过的房子，这唤起了他注意。

这个家族已经离开家乡很久很久了，眼前的一切仿佛是既陌生又熟悉，或许这就是命运吧。多年前他的曾祖父但丁被迫离开佛罗伦萨，而多年之后，命运又将他带到这里。

我不禁感叹，人类的命运总是充满变数，像一个轮子般画着圆形不断地运转。